中国精神传承

加拿大温哥华地区华人企业家

U0863929

The Heritage of Chinese Spirit of Chinese Canadian Entrepreneurs in Greater Vancouver

马京京 王一涵 等著

李桂山 主审

北京航空航天大学出版社
BEIHANG UNIVERSITY PRESS

图书在版编目（CIP）数据

加拿大温哥华地区华人企业家中国精神传承 / 马京京等著 . -- 北京 : 北京航空航天大学出版社，2015.12

ISBN 978-7-5124-1965-0

Ⅰ . ①加… Ⅱ . ①马… Ⅲ . ①华人 - 企业家 - 人物研究 - 加拿大 - 现代 Ⅳ . ① K837.115.38

中国版本图书馆 CIP 数据核字（2015）第 285054 号

版权所有，侵权必究。

加拿大温哥华地区华人企业家中国精神传承

马京京　王一涵　等著

责任编辑　秦　莹

*

北京航空航天大学出版社出版发行

北京市海淀区学院路 37 号（邮编 100191） http://www.buaapress.com.cn

发行部电话：（010）82317024　传真：（010）82328026

读者信箱：bhpress@263.net　邮购电话：（010）82316936

有限公司印装　各地书店经销

*

开本：700 × 1000　1/16　印张：15.25　字数：203 千字

2015 年 12 月第 1 版　2015 年 12 月第 1 次印刷

ISBN 978-7-5124-1965-0　定价：68.80 元

若本书有倒页、脱页、缺页等印装质量问题，请与本社发行部联系调换。联系电话：（010）82317024

前　言

中华文化博大精深，中国精神源远流长。中华文化是世界人类文明的经典瑰宝，对中国文明乃至世界文明的发展和繁荣产生了极其重要的影响。流传了五千多年的中华文化，历经沧桑，奔流不息，从未间断，中国精神传承也在中华文化历史长河中越发彰显其独特魅力。中国精神传承之广，影响之深无处不在。由于各种主客观原因，中华儿女带着中国精神的根，流寓海外，散居世界，数量之多，分布之广，令人感叹。正所谓："凡有海水的地方，就有华人的足迹"。《2008年世界华裔发展报告》数据显示，目前海外华人华侨人数已超过4,800万，他们都是炎黄子孙，龙的传人。他们发扬着中国精神的优良传统，在五湖四海立足生根，奋发图强，自强不息，勤劳勇敢，不畏艰难，以坚韧不拔的毅力排除万难，取得了骄人的成绩。中国人所到之处，中华文化特有的思想观念、哲学理论、伦理道德、文学艺术、风俗习惯以及不屈不挠的中国传统精神都得以淋漓尽致的发挥。许多国家吸纳中国的传统精神，并将其融合升华为当地主流文化的重要组成部分。

作为一个名副其实的移民国家，加拿大以相当开放和包容的姿态接纳外来文化，形成了丰富多样的文化环境。加拿大移民局（The Citizenship and Immigration Canada, CIC）2013年10月的统计数据显示，目前生活在加拿大的中国人已多达150万人。这些加拿大华人为加拿大的社会进步、经济发展和文化繁荣做出了巨大贡献。据温哥华乐活网（Lahoo）报道，在2014年7月发布的利润500强（PROFIT 500）企业中，由加拿大华人企业家咸生林创建的咸氏金融集团公司（Shenglin Financial Gr. Inc.）位列第232位，成为2014年度唯一上榜的华人金融理财企业，缔造了华人移民在加拿大创业的又一传奇。

加拿大咸氏金融有限公司总裁咸生林先生在报道中谈到自己的创业经历和

个人经验时，总结了三个关键词：诚实、勤学、善悟。另一位被誉为“一元店之王”的华人企业家方君学在采访中也提到，是“诚信”和“坚持”成就了他的今天。他以坚忍不拔的意志从最初的“一元店”小生意逐步做到今天的加拿大世源有限公司（新华网，2013）。华人企业家在创业过程中所体现和传承着的正是中国精神。在加拿大这个多元文化的国家里，加拿大华人一直向他们的第二代、第三代华人后裔传递着中国优秀传统文化的精髓，并讲述着200多年来移民路上的坎坷经历和难忘岁月。他们历尽艰难困苦，遭受屈辱磨难，饱尝风霜雨雪，在这条漫长而艰辛的移民路上品尝着柠檬的酸楚和枫糖的甘甜。

本书系天津市哲学社会科学规划基金项目“中国精神传承对加拿大华裔精神价值取向的塑造及对其文化建设的正影响研究”（TJSRWT13-05）成果，较为全面、系统地描述了早期华人移民和21世纪来自中国大陆的移民，特别是华人企业家对中国精神传承的影响，较深入地从加拿大华人社会历史变迁及其身份认同的角度论述了他们移民路上的精神力量的根源与内涵，解析了中国精神传承对加拿大华人移民以及加拿大这一国度的巨大贡献。阅读该书，读者会对加拿大华人传承中国精神有更深一步的了解。为完成该书，我们选派了三名课题组成员专程赴加拿大大温哥华地区，组织了六次华人企业家专场访谈，参加访谈的有大温哥华地区的企业家和自雇创业者共31人。书中所涉及的所有人名我们都采用了化名，采访主要围绕华人企业家在加拿大的移民经历和他们对自雇创业经历的回顾。他们分别谈及自己融入西方主流社会的亲身感受以及创业至今的艰辛历程。他们在创业移民路上展现出自强不息、排除万难的中华民族精神的真谛。

加拿大不列颠哥伦比亚省（British Columbia）大温哥华地区（Greater Vancouver），是由22个大小不等的城镇和地区组成，包括温哥华（Vancouver）、西温哥华（West Vancouver）、北温哥华市（City of North Vancouver）、本拿比（Burnaby）、列治文（Richmond）、兰里区（District of Langley）、高贵林（Coquitlam）、素里（Surrey）和三角洲（Delta）等。据2011年加拿大统计局资料显示，大温哥华地区的面积是2,882.6平方公里，人口约231.3万，其中华人人口达到50.1万人，约占大温哥华地区总人口的21.7%。华人无疑是该地区人口最多的少数族裔群体。

该书共有七章：第一章，中国精神及企业家精神概述；第二章，加拿大华人历史变迁与中国精神传承；第三章，加拿大华人与主流社会的融合；第四章，加拿大华人企业家精神探究；第五章，中国精神对加拿大华人企业家的正影响；第六章，加拿大华人企业家的自我实现；第七章，加拿大本土居民对中国精神文化的评说。

我们编写的这本书，只是对加拿大大温哥华地区的部分华人移民的初步考察和论述，并未穷尽所有加拿大华人的语言资本、文化资本和社会资本等方面。本书揭示了以华人企业家为典型的移民群体，在加拿大这个多元文化的社会中如何通过资本转换而实现移民自身价值的过程；描述了华人企业家移民，尤其是大温哥华地区的华人企业家如何冲破文化障碍，而逐渐融入加拿大移民社会的经历。本书旨在让读者了解中国精神传承对加拿大华人及其精神价值取向的正影响，了解璀璨中华文明所诠释的主流价值观，了解中国人血脉里流淌的思想共识，从而了解当今的中国梦对于炎黄子孙的神圣和庄严——中国精神是托起中国梦的精神力量。

本书的圆满完成得到了加拿大爱知商贸与教育机构（Edumax Business and Education Corp.）各方面的支持和帮助。该教育机构为我们的成功访谈做了大量的前期组织工作，其主要领导还亲临访谈现场，确保我们的访谈工作顺利完成。吴刚老师和朱柯冰老师在我们撰写该书的过程中，给我们提供了诸多建设性意见。在此，向他们表示感谢。

我们还要感谢五位加拿大本土居民，他们应邀为本书第七章撰写了他们对加拿大华人融入社会文化过程中所呈现正能量的描述和评说。他们是：莉亚·查德维克女士（Ms. Leah Chadwick）、约翰·瑞德门先生（Mr. John D. Redmond）、布洛克·戴蒙先生（Mr. Brock Dykeman）、吉尼·麦克唐纳先生（Mr. Gene MacDonald）和辛迪·麦克劳德女士（Ms. Cyndi McLeod）。多年来，这些加拿大本土居民通过与加拿大华人近距离接触，深入了解了他们的工作和生活状况。他们以认真的态度，表述了他们对加拿大华人奋斗历程的感受。不仅如此，这五位本土居民还为我们的科研项目提出了宝贵意见。我们课题组特别要感谢的是，那些参加我们访谈的加拿大华人朋友们，他们牺牲了周末时间，专程前来参加访谈活动，为本书的撰写做出了重要的贡献，在此，向他们表示衷心感谢。

我们将最诚挚的感谢献给天津理工大学博士生导师兼天津大学博士生导师吕荣胜教授，他在百忙之中抽出时间审阅本书，并为我们撰写序言。

本书撰写工作分工如下：马京京（第一章第一节、第二节，第四章）；王一涵（第一章第三节、第四节，第二章）；丁颖（第三章，第五章第一节、第二节）；高岩（第五章第三节，第六章）；刘晓雪（第七章）。马京京对该书进行了整体统稿工作。我们的导师李桂山教授、芦文娟博士、何家蓉教授和曹昱亮博士对本书各章节作了结构调整和部分资料的补充，并对全书稿进行了审校。

囿于有限的知识水平和文献资料，书中难免有疏漏之处，热切欢迎各位专家和读者不吝指正。

序　言

时光荏苒，马京京、王一涵等研究生参加入学面试时的情景尚在眼前，那时的她们带着几分稚嫩，眼神里透着对求学机会的期待和渴望，言谈中表达的是满满的自信和决心。转眼间，她们已经用不懈的努力和持之以恒的精神取得了自己在学术研究领域中的可喜成绩。在李桂山教授等几位导师的认真指导和帮助下，马京京等几位研究生撰写并完成了《加拿大温哥华地区华人企业家中国精神传承》一书。当李桂山教授将这本书稿交到我手上，并邀请我为之作序时，我所感受到的是沉甸甸的分量，因为这本书饱含莘莘学子无数不眠之夜的艰苦治学，也浸透着导师们的辛勤汗水。

在与天津理工大学国际工商学院这几位研究生接触和沟通的过程中，我强烈地感受到她们对于学术研究的热忱和执着。她们富于创新、勤勉谦和、一丝不苟的治学态度，给我留下了深刻的印象。凭借扎实的专业知识、科学的学习方法、较强的科研能力，她们取得了优异的成绩。在各自导师的带领和指导下，她们参与了多项国家级、省部级科研项目，撰写并发表了学术论文。

令我深受感动的是，马京京等几位研究生为获得一手研究数据和资料，专程前往加拿大温哥华地区进行了深入的调研工作。该书的成功付梓也凝聚了几位硕士生导师的心血和汗水。李桂山教授早在1976年就赴加拿大留学，后来又多次赴加拿大开展学术研究、讲学、访问和国际教育交流等活动，可谓名副其实的“加拿大通”。在李教授的帮助下，她们成功联系到31位加拿大温哥华地区各行各业的华人企业家，并分别利用问卷调查和深度访谈两种调研方法，获得受访者对中国精神传承和企业家精神等问题的理解和看法。芦文娟博士以其专业的科研水平和深厚的文字功底，对该著作的结构进行了调整，并对语言加以润色，使其内容更加丰富饱满，语言更加流畅自然，研究结论更具说服力。

本书系统地评述了加拿大华人企业家对中国精神的传承，并从加拿大华人社会历史变迁及其身份认同的角度论述了他们移民路上的精神根源与内涵，解析了中国精神传承对加拿大华人移民以及加拿大建设的巨大贡献。该书共七章，分别对中国精神及企业家精神，加拿大华人历史变迁与中国精神传承，加拿大华人与主流社会的融合，中国精神对加拿大华人企业家的正影响以及华人企业家的自我实现等进行了论述。该著作选题新颖，立意深远，内涵丰富，思想深刻，系统阐述了中国精神对加拿大华人企业家的影响，以及加拿大华人企业家对中国精神传承的具体体现。

归纳本书的特点主要包括四个方面：其一，深入探究中国精神的根源和特点，提出中国的基本精神，如：求真务实、博大宽容、艰苦奋斗、尚仁重义等来引导读者关注中国精神，弘扬中国精神；其二，通过与受访者近距离接触获得真实可信的研究数据，同时融入了作者的思考，足以将读者带进故事当中，感同身受地探寻和体验华人企业家的奋斗历程；其三，通过数据分析和假设验证深度挖掘中国精神对加拿大华人企业家精神的影响作用，使论述的内容得以更具象、更立体的呈现；其四，选取加拿大本土大学生、高校教授和政府官员为调研对象，分别从不同角度记录了温哥华地区本土居民对加拿大华人移民中国精神传承的感受，这在其他作品中是很少见的。

本书全面展现了加拿大华人融入主流社会过程中所面临的挑战和困难，以及华人企业家在初期创业、企业经营管理以及家庭子女教育中对中国精神的传承，可以说在选题立意和研究方法等方面为中加两国相关领域的研究者提供了全新启示。书中对加拿大华人企业家不断抗争、努力适应、自我实现故事的真实叙述，生动自然、朴实感人，能触动众多读者的情感；就加拿大华人读者而言，更是能够带来心灵上的共鸣。我相信，畅读此书，读者可以身临其境地体味华人移民的艰辛和奋争，理解华人企业家精神形成的根源，领略中华民族的风貌和魅力，并由衷地赞叹中国精神的伟大力量。

在此，我由衷地祝贺几位年轻的研究生成功完成本书的撰写和出版工作，为她们三年的研究生生涯画上了闪光的一笔。希望她们能不断发扬吃苦耐劳、持之以恒、勇于创新、奋发向上的精神，在学术研究和职业发展中再创辉煌。

吕荣胜
天津理工大学
2015.11.21

温哥华地区部分华人企业家代表

Keke Ma Amex Sunrich Realty
（加美地产）

Roy Du 和 Irene Du 总经理和财务总监 瓷砖销售与安装公司

温哥华地区 Max Fan CEO Edumax Business and Education Corp.（爱知商贸与教育机构）

单学军 CEO 石油零售网络开发与建设企业

温哥华地区财务会计事务所

加拿大国际枫叶旅游 VAN DE MAPLE TRAVEL
创始人 侯文静
与加拿大旅游局局长 David F. Goldstein

温哥华地区礼品店经理

李洪 温哥华地区沙县小吃中餐馆经理

骆及彦 经营 Dandelion Kids 母婴用品商店

包丽莉 总裁 温哥华地区经营巴士和旅行公司

温哥华地区华人企业家获得加拿大 BC 省羽毛球赛银牌

温哥华地区华人企业家代表商贸洽谈演讲

加拿大 SEG Consulting CEO Victor Kok 与美国驻华大使骆家辉

目　　录

第一章

中国精神及企业家精神概述

精神力量作为推动人类活动的重要动力，是指从人的思维活动、思想意识和一般心理状态中产生出的自信、自强、激情与活力，及与之相对应的自我控制力和自我约束力，包括思想、观点、信念、志向、气魄等诸要素。文化是精神赖以成长的土壤，而精神贯穿于文化的始终，同时又表现出对文化的选择性和引导性，对文化的继承和发展具有很大的影响。精神文化，代表特定民族的特点，反映其相应民族的思维方式、价值取向、伦理观念、心理状态、理想人格、审美情趣等精神成果，其优越性在于，具有人类文明基因的继承性和不断丰富完善的发展性。

德国著名哲学家尼古拉•哈特曼（Nicolai Hartmann）认为，精神可以分为三种形态——人格精神、超个人的共同精神和客观化了的精神。这里的人格精神倾向于展示个人的人格、思想等，它是人类之所以区分于动物的所在；超个人的共同精神，更多的是指向群体所处的状况，涉及一定的历史因素。当我们考察某一民族的精神时，例如中国精神、德国精神等，即为超个人的共同精神；客观化了的精神，则是通过具体的物质载体，例如法典、经传授或记载的知识、艺术作品等形式得以展现。基于对精神、精神力量的概念界定和内涵挖掘，本章从民族精神和中国传统文化的角度出发，对中国精神进行概念界定，并深刻提炼中国精神文化的基本内涵。同时，针对华人企业家精神探究等方面的研究内容，对企业家精神与精神管理进行了概念界定和文献梳理。

第一节　精神与精神力量

精神，自战国以来就是中国哲学和文化的一个重要范畴。“精”与“神”在古时为两个独立的词，始见于《庄子•外篇•天地》，原句为“……故深之又深而能物焉，神之又神而能精焉”，“神”在此作形容词，意为“玄妙，神奇”；“精”源自中国古代哲学“气一元论”。《管子•内业》曰：“凡物之精，此则为生。下生五谷，上为列星。”“精”意为“气，精气”，古人认为它是构成世界本源的微小元素。“精”也可用作动词，意为“产生精气”。中医学中，“精”则泛指构成人体和维持生命活动的基本物质，《素问•金匮真言论》有云：“夫精者，身之本也”。

“精”和“神”合用的含义起源于“西学东渐”，这使得二字本来的含义产生了变化。近代“精神”的含义取自英语词汇“spirit”，意思为：精神、心灵、灵魂；风气；勇气、气魄；精华。“精神”同时受到德文词汇“geist”意译含义的影响，该词指：呼吸、生命、精神、心灵；神、鬼；思想；精神实质；精华。中国学术界逐渐接受了西方关于“精神”的普遍定义，将精神解释为人类的意识、思维活动和一般心路历程、心理状态，是人类认识、情感和意志的总体。此外，精神还有另一层含义，即指一切意识文化现象的内在的、深层次的东西，是人的知、情、意的最重要部分，是普遍“精神”含义中的最本质内容。

从哲学的角度进行考察，精神是与物质相对应的一个概念，无疑属于意识的范畴。从这个意义上讲，精神是无形的，直观精神不具备任何一种元素。但是精神能量又是可以获取的，精神一旦被人接受和内化，就会产生一种能量，通常我们将它称作“精神力量”或者“精神动力”。许多人认为，“精神力量”是一个玄之又玄的概念，糅杂了迷信、宗教、意识等范畴，更有人将其等同于神秘学。从字面来看，精神力量与物质力量相对应，它虽然看不见摸不着，但体现在人类整体和个体的每一个动作、行为和活动中，施加于人类对物质世界的影响和改造过程中，从这方面来看，精神力量又是有形的。

人类自从摆脱蒙昧和野蛮、进入文明时代以来，就对精神彼岸进行着不懈的探索。可以说，人类对精神力量的探求贯穿了人类的整个文明发展史。换言之，精神力量不仅是人类摆脱动物属性成为世界之灵的核心利器，也是人类了解自己、了解世界的一把钥匙。那么，什么是精神力量呢？不同学科、不同学者对这个概念的解释千差万别。精神力量在摆脱蒙昧、摆脱迷信成为哲学范畴的过程中，与玄学有着千丝万缕的联系。从原始巫祝的祭祀典礼到道门修士的扶鸾起乩，从天主教的教堂忏悔到茅山道士的驱魔抓鬼。可以说，没有精神力量的“淬炼”，就没有几千年来玄学和宗教的勃勃生机。从另一个角度来看，人类对自身（如死亡）和外部世界（如宇宙）未知的恐惧又加速了对自身精神力量的求索。

一、精神力量的根源

精神力量的发挥实际上就是意识的能动作用的发挥。精神本来就是一种无物无形的、存在于人们头脑中的意识和观念，它怎么会产生力量？它的力量又从何而来呢？要认识精神力量的作用，首先要从哲学的角度进行考察，一是要从物质和意识的关系中认识到意识具有能动作用；二是要充分认识到人的主观能动性所能产生的巨大作用。

意识对物质具有能动作用，是辩证唯物主义的一个命题。马克思主义哲学不仅坚持物质决定意识，反对一切否认物质决定意识、片面夸大意识作用的唯心主义观点；而且在肯定物质决定意识的前提下，承认意识对物质的巨大能动作用，避免了机械唯物论的片面性。意识对物质的能动作用主要表现为以下三个方面：

第一，意识使人的活动带有目的性和计划性。人类行为活动与动物活动的根本不同在于，它是有目的、有计划的活动，即在意识指导下的活动。人的活动目标、方式及其步骤等，都是预先由意识根据对外部对象的反映而确定的、计划好了的，而且能预测行为的一般后果。马克思指出："劳动过程结束时所得到的结果，在这个过程开始时就已经在劳动者的表象中存在着，即已经观念地存在着。"这就表明，意识的作用，使得人的活动成为自觉、有目的、有计划的行动。

第二，意识具有主动创造的作用。人类通过这种主观的创造活动改造客观世界，并在自然界打上人类意志的印记，使周围自然界成为"人化"了的自然。意识是对外部世界的反映，但它绝不是机械的反映，而是一个能动的创造过程。人类对自然世界的观察不仅仅局限于自然现象的镜像反映，还可以通过归纳、整理和抽象化来总结其本质规律。比如，人对飞鸟飞行的感知是对外部世界的反映，但这种意识绝对不是简单的镜像反映，而是通过模仿飞鸟飞行，归纳、整理飞鸟的飞行动作，掌握空气动力学原理和飞行规律，最终创造出飞机。

第三，意识对人体生理活动的控制实际上是通过脑皮质细胞群之间形成电位差，从而在大脑皮质的细胞外产生电流作用。这也符合马克思主义哲学中，物质决定意识，意识又反作用于物质的原理。意识或心理活动依赖于人体的生理过程，按照生物学的研究，人类的意识活动是通过生理活动而实现的。反过来，人类的意识活动又可以通过这种脑神经细胞的电流刺激对人体生理过程产生重大影响，以达到对人体生理过程的调节和控制。

以上意识能动作用的数种表现是相互联系、相互作用的。从根本上说，意识的能动作用就是既通过实践认识世界，又通过实践改造世界。

二、精神力量的内涵

按照玄学的观点，精神力量是指通过精神力的修行和意志力的淬炼而使修炼者达到随心所欲的神通和能量，以此来理解和控制自身以及外部世界；宗教领域，特别是东方宗教（如道教），则强调通过精神和意志的苦修以达到内在世界（自我）和外部世界（宇宙）的和谐统一，也就是以身合道，天人合一。

精神不是物质存在，不具备本体性。从这个意义上讲，精神是无形的，直观精神不具备任何一种元素。但是精神能量又是可以获取的，假定精神是一种宇宙无机能量，那么这种能量的获取只能以消耗自身有机能量来获得和提升，当获得这种无机能量后，又能通过人为的强力创造出有机能量，这种能量的互换是可以在现实中得到验证的。例如在其他条件相同的前提下，具备某种精神的人创造的社会价值要比没有精神的人高得多。当然，对于精神来说，思想引导与自我创造总是交替进行的。将有形化为无形，又将无形化为有形，精神像燃烧的火焰，而此过程伴随着能量的不断释放。

当人类社会发展到17、18世纪时，科学思想逐渐照亮了蒙昧黑暗的欧洲大陆。学者们开始科学理性地看待精神力量，并思考精神力量的真正来源，这个概念也开始走向哲学范畴。精神力量的哲学内涵，就是指从人的思维活动、思想意识和一般心理状态中产生出自信、自强以及与之相对应的自我控制力和自我约束力。

玄学、宗教和哲学对精神力量的定义，既有“共性”特征，又体现出“个性”差异：一方面，精神力量属于意识范畴。它来自于个体的意识并在实际应用中产生功效。人类通往精神的途径，需要经过长时间不断的探求和锤炼，才能对精神力量（自信、自强以及自控力和自我约束力）的产生有所感悟。这是共性特征。另一方面，人类个体的观念与思想的形成，受个体的家庭结构、成长环境、教育背景、工作经历等诸多因素影响而呈现出千差万别的差异性。这种差异化的意识进而受到情感格式化作用而形成迥乎不同的个体情感架构，构成了不同的思想格局与观念；思想与观念不同，所包含的精神因素也就不尽相同。这一方面体现的是个性特征。从本质上来说，无论玄学、宗教还是哲学范畴的精神力量，都是通过发挥人类个体或者整体的意识作用来达到认识和掌握自身和自然奥秘的目的。

按照现代心理学理论，人的情感因素是用来支撑自我意志与精神力量发挥功效的源头，“化悲痛为力量”说的就是这个道理。人们常说的“发挥自己的主观能动性”，就是利用自我意愿去激发积极的情感因素，作用于支配自身精神力量的发挥，以及抑制、排除消极负面的情绪。积极因素支配下的情感会让人产生积极的心态，从而在心念效应的作用下收获好的结果。当然，消极情绪因素也可以作用于个体意识，产生消极的精神力量。如果该个体拥有极高的政治地位和巨大的财富，这种精神力量对自身乃至整个人类文明都会产生毁灭性的威胁。

精神力量包括思想、信念、志向、毅力、气魄等诸多要素，它与物质力量既紧密联系，又互相区别。它们不是简单的加减关系，而是相辅相成、相互制约的。物质力量是精神力量的物化和有形载体，而精神力量是物质力量的无形延伸和强化。比如，人类个体的文化水平属于精神范畴，但文化水平的获得和提高则是经过相当长时间的学习得到的。在这个过程中，作为人类文化精髓传承载体的书籍文献则是物质的。反过来，人类将获得的知识文化通过创造财富而物化的过程，又是精神力量向物质力量的转化。对精神力量的内涵进行探析，可总结为以下几个方面：

第一，精神动力是精神因素对人的活动及社会发展产生的推动力量。它实质上是一种精神力量、精神作用力。人的思想觉悟、理想信念、价值观念、道德情操、顽强意志等各种精神因素都会对人的活动及社会发展产生重要的影响力、作用力和推动力。这种精神动力与物质动力不同，因为物质动力是物质因素对人的活动和社会发展产生的推动力量。

第二，精神因素只有成为特定的人的头脑里的精神因素，才能成为推动人类活动的动力。再优秀或成熟的思想、理论、道德、情感、意志，如果不被个体所内化，即主体化，就不会成为推动主体活动的重要力量。他人的和社会的精神因素一定要转化为特定主体自身的精神因素，才能推动他行动起来。主体内化的精神因素不同，形成的精神动力也不同。在一定的社会或群体内部，相同的精神因素为一定社会或群体的成员所接受和内化，可产生相同的精神动力，增强社会和群体的合力、凝聚力；相异的精神因素为社会或群体内部不同成员所接收或内化，会产生相异或相斥的精神动力，形成社会和群体的斥力、离心力。因此，不仅要注意使正确的精神因素为个体主体所内化，形成个人的积极的精神动力，而且要注意使相同的精神因素为一定社会或群体成员所内化，形成和增强社会群体的共同精神动力。

第三，推动人类活动的物质因素也要通过人的头脑才能成为人的实际动力。恩格斯强调，推动人类从事活动的一切，都要通过人的头脑才能使人行动起来。就是说，不仅精神因素，而且物质因素，都要通过人的头脑，成为人所意识到的自觉因素，变为人头脑中的意志动力，才能实际影响和推动人的活动，成为现实的动力。因此，物质动力对人的行为的推动，也要通过精神动力的形式表现出来。物质动因上升为一定的精神动力，推动着人们的实践活动，并成为巨大的物质力量。这就告诉我们，既要注意精神动力背后的物质动因，又要注意物质动力向精神动力的转换。

第四，精神动力是精神因素对人的一切活动产生的推动作用。现在对精神动力的理解，一般存在两种不同的见解。一种观点认为，精神动力主要是为满足精神需要、实现精神追求而产生的动力，该观点强调“精神动力主要来自人的精神需要”，认为精神动力仅与精神需要和满足精神需要的活动有关，而与物质需要和满足物质需要的活动关系不大。另一种观点认为，“所谓精神动力，实质上是认识、思想、价值、信仰等观念力量对物质世界和社会发展的反作用，即精神的物化功能。”这种观点强调了精神的物化功能，肯定了精神力量在改造物质世界、推动社会发展中的重要作用，但对精神动力满足人的精神需要的功能有所忽略。以上两种观点，是目前国内学术界比较有代表性的观点，但都存在一定的片面性。实际上，人的需要，既包括物质需要，又包括精神需要。人的活动，既包括满足物质需要的活动，又包括满足精神需要的活动。我们所说的精神动力，是指推动人从事一切活动的精神动力：即，不仅是指推动人满足物质需要的活动的精神动力，而且是指推动人满足精神需要的活动的精神动力。

第五，精神动力对人的活动的推动，既包括对个体活动的推动，又包括对群体活动、社会活动的推动。也就是说，既有个体活动的精神动力，又有群体活动的精神动力，还有社会活动的精神动力。分析精神因素对人的活动特别是实践活动的推动，不仅要注意分析精神因素对个体实践活动的推动，尤其要注意分析精神因素对群体乃至社会实践活动的推动。只有群体和社会的精神动力，才能对社会实践活动产生广泛而深远的影响。

精神动力的范畴，不仅包含丰富的内涵，而且也反映了精神动力的本质。精神动力的本质是一切精神动力共有的、内在的、稳定的根本属性。

这种根本属性是精神动力所特有的。从这个意义上来说，精神动力本质上是指导和推动人们改造客观世界和改造主观世界的精神能动作用的集中体现。因此我们将其定义为：精神动力是在一定的社会物质生活条件和社会实践基础上产生和发展起来的精神的能动作用的集中表现。精神动力根源于一定的社会物质条件，产生于一定的社会实践活动，并随着社会生活条件和社会实践的发展而发展。

三、精神力量的特点

精神力量作为推动人类活动的重要动力，具有不同于物质力量的一些特点。把握这些特点，有助于让我们更好地理解和把握精神力量的含义。精神力量主要有以下特点：

第一，精神力量具有内在性。一定的精神因素只有被特定的人内化后，成为其内在的精神素质，才能变为推动他行动起来的精神力量。精神动力体现了一个人内在的精神追求、内在的精神因素所起的作用，是人的内在动力。精神动力往往是主体内部形成的精神力量，这种精神力量缺乏直观的形式，难以直接观察和衡量，但它又确实存在，并能对人的行动产生重要的推动作用。一定的理论、理想、信念、道德、情感、意志等精神因素，被特定的人接受和内化后，会成为推动人的行动的强大内在动力，并外化为巨大的物质力量。

第二，精神力量具有目的性。精神因素能够成为推动人们行动起来的精神动力，这是因为精神和意识能够反映人们活动的规律性。无论是物质生活的规律性，还是精神生活的规律性，都能为人的意识所反映，并且人们能够以这规律性的认识为指导，提出他们在一定时期、一定活动中的目标，从而推动人们的实践活动向着既定的方向前进。因此，精神动力不是盲目的，而是有目的的，这与物质动力有明显的区别。物质动力本身是无意识的、盲目的，物质动力如何使用，完全受人的意识与活动的支配。因此，物质动力本身缺乏能动性、目的性，人对物质动力的使用才具有目的性。精神动力则完全不同，它具有明确的方向性和目的性。正如马克思所说："这个目的是他知道的，是作为规律决定着他的活动方式和方法的，他必须让他的意志服从这个目的。"精神动力总是体现和实现一定目的的精神力量。精神力量与人的活动目的越一致，产生的动力作用就越大；反之，产生的动力作用就越小，甚至是副作用。

第三，精神力量具有持久性。精神动力的持久性是由精神价值的特性决定的。精神动力可重复使用，不会损耗；而且人的精神动力一旦形成，往往会伴随人的一生，对人一生的实践活动产生持久的、终身的推动作用，甚至在个体的生命结束之后，他所形成的精神动力也不一定会随着个体生命的消失而消失，它还可能变成他人的精神力量，在他人身上或者群体中间延续下去，对他人的实践活动继续产生影响，发挥作用。人的精神动力一旦形成以后，就会具有相对的独立性和发展的可持续性，对人们的实践活动产生长期的影响和持续的推动作用。

第四，精神力量具有再生性。物质能量是守恒的，可以循环但不可以再生，精神力量却可以再生。一种精神被人汲取和弘扬并不是被消费和消耗掉了，而恰恰相反可能还被丰富和发展了。以思想为主核心的精神是可以发挥的，精神力量是可以生长的。正如萧伯纳所说，"你手里有一个苹果，我手里也有一个苹果，我们交换一下，各人手里还是一个苹果；你有一个思想，我有一个思想，互相之间交流后，我们都有了两种思想，甚至还可能催生出一种新的思想。"精神动力与物质动力不同之处的突出表现就是，精神动力能够持久地发挥作用，而任何物质动力都具有消耗性，物质动力使用的越久，消耗就越大，产生的动力作用就越小。随着一定的物质生活资料的获得与消耗，一定的物质动力对人们行动的推动作用就呈相应递减的趋势。因此，一定的物质动力总是在一定的物质条件下和一定的时限内发挥作用的。而精神动力则不同，精神动力是人的精神因素形成的动力，人的理想、信念等精神因素一旦形成精神动力，在使用过程中不但不会消耗，还会随着人们思想的交流、发展和时间的推移而不断增强。

第五，精神力量具有集合性。精神动力的集合性表现在，每个人都有自己的精神动力，无数个体的精神动力相互作用，相互渗透，相互协调，相互融合，可以形成一定群体或集团的精神动力；无数群体或集团的精神动力相互作用、渗透和融合，又会凝结和上升成为特定民族和国家的精神动力，即上升为全社会的精神动力。这就表明，精神动力往往表现为一定的精神合力，这种精神合力具有集成性、集合性和非加和性。由无数个体精神动力融合而成的群体精神动力和社会精神动力，不是原来无数个体精神动力的简单相加，也不是无数相互排斥的精神动力的机械拼凑，而是对于无数相异甚至相斥的精神动力加以充分的整合与协调，化斥力为合力，化阻力为动力，形成了一种大于个体精神动力之和的整体的精神动力或精神力量。这种新的整体的精神动力或精神力量，一经产生，就会对社会的实践活动产生巨大的推动作用。因此不仅要重视发掘个体的精神动力，更要重视增强群体和社会的精神动力。

第二节 中国精神与民族精神

人类之所以区别于动物，在于人类的实践活动改造了人的大脑而使其拥有了智慧和意识。精神世界如此重要，以至于众多伟人、文豪、政治家和学者把精神等同于人的灵魂。人类摆脱蒙昧迎接文明，以群体生活的方式居住在相对固定的地域，具有相近的家族血缘关系，并且具有相同的生活习惯和道德价值观，这样就形成了不同的民族精神。无论如何，任何民族精神都有自己的历史起源和发展过程，都是经过一定时间和空间孕育而成。数千年的历史长河中，众多的民族和国家在人类发展的过程中由小到大，屹立于世界民族之林，也有许多民族和国家逐渐消亡，化作历史的尘埃。

在总结民族精神的意涵时，方立天（1991）曾将它从广义和狭义两个方面进行界定。广义的民族精神即德国哲学家黑格尔所指出的，民族精神构成了一个民族意识的其他种种形式的基础和内容，并表现在民族的宗教、政体、伦理、立法、风俗、科学、技术、艺术等各个方面；也有学者总结，民族精神就是表现在共同文化中的民族共同心理素质。这都是对民族精神的广义界定。我国当代哲学史家张岱年（1986）则认为，认为中华民族精神就是中国文化中用以指导中华民族延续发展，不断前进的精粹思想，这是对民族精神的狭义界定；而且，精神之所以能称为文化的精神，则应具备“比较广泛的影响”，为“多数人民所信奉”，“能激励人们前进，有促进社会发展的作用”。

一、民族与民族精神

民族和精神连为一词，即“民族精神”在中国，最早出现于近代。因为“民族”一词本身就是近代中国从日本语中引进的。这个词的含义也与近代风起云涌的民族解放斗争紧密相连。因此，“民族精神”一词实际上是英、德语言中的“精神”与日本语中的“民族”的舶来词的结合。但是，历史却开了一个不那么可笑的玩笑，中华民族的仁人志士运用这个舶来词号召全体同胞所抗击的正是这个词汇的来源地——英、德、日等帝国主义国家的侵略和压迫，真正实现中华民族的独立和民族精神的重塑。

一个民族之所以称其为民族而不是人群，是因为它的存在不仅限于物质生产和生存繁衍，更应包括思想和意识领域的活动，也就是精神、文化和价值观的传承和发扬。吉尔·利波维茨基（Gilles·Lipovetsky）认为，这些思想意识不是一种“奢侈”，而是集体生活自身的条件；它可以帮助个体彼此照顾，形成共同目标，采取共同行动；没有价值体系，就没有可以再生的社会集体或民族（利波维茨基，2005）。我们可以确定，民族精神是一定的民族国家内部力量整合的必须要素，民族精神的内在性质影响着一个民族的发展进程（韩震，2007）。

1. 民族精神的内涵

方立天（1991）在总结民族精神的广义和狭义界定后，提出了有关民族精神的五个方面：

第一，民族精神应该为本民族绝大多数成员所认同，具有广泛性和普遍性的精神。对于某一时期和某些个别群体所表现出的特征是不能界定于民族精神范畴之内的。中华民族吃苦耐劳、奋进拼搏的精神是中国范围内各地区人民、各时期人民所共有的普遍性特征。这既表现在中华民族创造了五千年灿烂辉煌的中华文明，也表现在新时期中国人民在中国共产党的领导下，发扬吃苦耐劳、拼搏奋进的民族精神，排除险阻，攻坚克难，从半殖民地半封建社会一穷二白的落后状态下，在短短数十年间将国家建设成为世界第二大经济体。

第二，民族精神是在民族的延续发展过程中逐渐形成、不断丰富、日趋成熟的精神。民族精神既表现出其时代特点，也具有其历史性。虽然民族精神在不同的历史阶段表现为不同的时代精神，但又是贯穿于民族延续发展的历史长过程中的一种持久性、长期性的精神。地处不列颠岛的盎格鲁—撒克逊民族（Anglo-Saxon），在领土狭小、四面环海的环境中，为生存发展而与海洋结下了不解之缘，因而逐渐形成不断开拓未知世界的意识。与大陆国家相比，英国人的民族精神中开拓扩张的因子不断成为建成日不落帝国的内在动力，并将这种精神内核遗传给具有亲缘传承关系的美利坚民族。

第三，民族精神是在民族延续发展的过程中，居于主导地位的思想原则，这种思想原则既具有支配性，又有引导性，从而在民族生活中起着巨大的作用，至于那些非主导性的思想，未能支配全民族行动，又未能引导全民族前进的思想，不属于民族精神的范围。譬如，满清王朝统治者所呈现的拒绝接受新知、自我封闭的、腐朽、落后的精神状态，是不能代表中华民族整体开放包容、勤劳进取的具有普遍性意义的民族精神的。

第四，民族精神是维系民族生存、繁荣和民族间和睦团结的精神。民族的存在，是要完成“生存”和“发展”的主要目标的。民族精神应该符合并服务于这两个基本目标。为了达到这一目的，民族精神必须凝聚族群内部各成员的力量、创造力和主观能动性，并且承担起维系民族生存和团结的思想支柱的作用。因此，不利于提高民族凝聚力，甚至可能导致民族分裂或消亡的思想，便不能代表民族精神。中华民族精神是支撑、鼓舞和激励每个华夏儿女团结奋进、实现复兴的思想指针和行动指导。那些鼓吹所谓民族自决、自治的理念，只会将中华民族推向分裂和消亡的深渊，因而根本就不是中华民族精神的内容。

第五，民族精神必须是推动民族前进和发展的精神。一个民族不能继续发展，也就失去了生机和活力，注定走向消亡。因此，作为一个民族的灵魂——民族精神必须是对民族生存和发展起推进作用的，必须是进步的思想。吃苦耐劳、开拓进取、拼搏奋进、求真务实、博大包容，是中华民族经过数千年改造自然、改造环境、创造幸福的过程中，被证明具有进步性的精神内核，在创造五千年灿烂华夏文明过程中起到关键作用的精神指针。这是全世界华夏儿女所要坚持并且发扬的。故步自封、夜郎自大、自由放任是被历史和现实证明不利于国家和民族发展的消极、不利的观念，必须防止这种不好的观念对民族精神的侵蚀和破坏。

2. 民族精神的历史特性

民族精神的形成和发展都是基于一定时空体系内发展的民族的历史性的反映。按照英国学者安东尼·D·史密斯（Anthony·D·Smith）的说法，“民族主义的力量恰恰来源于它的历史积淀……它与其他现代信仰体系不同，权威不仅仅存在于民族的普遍意识中，而且存在于此民族或彼民族的特有形象和特性之中。民族主义使这种形象和特性变成了绝对性的东西。因此，民族主义的成功有赖于特殊的文化和历史环境”（史密斯，2002）。史密斯所说的民族形象和特性，实际上就是民族精神的体现，它们有着明显的历史特征。

首先，世界上绝大多数民族都用口口相传或文字记载的形式流传下来的神话传说来描述自己的特殊的历史起源。比如，罗马起源传说中的母狼哺育人类，华夏民族的女娲造人等。每个民族都通过一系列事件串联起来的发展过程而成为一种共同体。韩震（2007）认为，民族共同体的形成必须借助于想象的力量。就如美籍匈牙利学者阿格尼丝·赫勒（Agnes Heller）指出的，“在欧洲和伟大的东方文明（中国、印度、日本）中，历史回忆和对往昔记忆的珍视扮演着最为重要的角色。历史记忆保存在故事、传说和符号中，这里，英勇的事件、伟大的竞赛和特殊的磨难都扮演着重要的角色。”由此看来，中华民族的民族精神显然是在中国这块土地上孕育和形成，并且通过亿万中国人的历史记忆延续下来的。作为一种意识形态，民族精神不可能离开民族的历史实践活动独立存在和发展。一定的族群为达到生存和生活的目的，必然通过想象和叙述产生某些“构成一体”的话语形式，由此在民族内部形成共同的文化形式、价值追求、社会心理和认同感，以便反映并且进一步塑造共同体的生活样式。比如，中华民族的民族精神内涵和价值取向显然不同于欧美、非洲以及亚洲其他民族国家的民族精神。同一个民族的文化精神也随着历史的变化而发生变化。

其次，民族精神之所以称之为独有的特性，是与其他族群或民族进行“碰撞”而彰显出来的。这种碰撞并不总是冲突和敌对，有时候可能是比较、交流、竞争或者有选择的融合。遭遇差异才会唤醒自我认同，认同是与区分差异相关的。认同“这个特性”就划定了一个界限，使“本体”和“他者”、“我们”与“他们”区分开来。因此，社会认同是在差异的场域中被界定的。民族精神的彰显和昭示是通过本族与他族的差异来实现的。差异越大，民族特质和民族精神的独特性就越鲜明。这如同物理学中人对运动的感知是通过感知“此物”与“他物”的相对位移来实现的。这种相对位移也同样发生在观察者自身与“他人”或者“他物”之间，由于相对位移的发生，于是观察者感知到了运动的存在。不同族群间碰撞的出现如同物体间“相对位移”的发生。中华民族在过去的数千年历史中与不同的外族冲突、融合中不断地显露出本族的民族特性，诸如勤劳守礼、不畏强权、聪明智慧、有容乃大等。整个人类的民族分化也遵循了同样的规律。世界范围的交往和全球化进程并没有抹平民族和民族国家的界线。“长久以来被预言将要到来的‘民族主义时代的终结’，根本还遥遥无期。事实上，民族属性是我们这个时代的政治生活中最具普遍合法性的价值”（安德森，2002）。显然，人类从分散走向世界历史和全球化的进程不是抑制了民族意识，反而通过差异的相遇而促进了民族意识的觉醒（韩震，2007）。

再次，马克思主义历史观认为，看待问题应该将其放在特定历史环境中进行考察，运用历史和发展的观点解决实际问题。赫勒（Heller）认为，“没有一种文化具有比其他文化更高或更低的道德，所有文化的信念对于真理性的要求具有同等价值。其结果是，在一种文化中正确的东西在另一种文化中可能是错误的，而且在这个问题上没有人可以成为裁断者。”然而，一些学者却认为，就民族文化性质而言没有优劣之分；但是，在特定的历史环境下，由于作为民族精神和民族文化的主体的人还是有违背人类整体利益的偏狭性、进攻性和危险性。在民族文化的存在状态方面，也是可以有健康与病态的区别的（韩震，2007）。譬如，德国在第一次和第二次世界大战中间的一段时间内就具有仇视其他民族和进攻性的特征。一些历史学家认为，单凭希特勒鼓吹的所谓民粹主义和他的“鸿篇巨著”——《我的奋斗》，是不足以将一个处于正常成长和自我修正状态的德意志民族法西斯化的。那么，只有一种解释：德意志民族的“精神”出了问题。一种乖戾、暴虐的民族文化左右着当时的德国国民思想。这种状态可以从大量德意志男女青年踊跃加入党卫军和冲锋队，自愿接受纳粹的法西斯化洗脑就可见一斑。然而，二战结束后，德国文化经过改造之后变得更加平和、开放，并且愿意正视自己民族本身的错误并加以修正，而日本却没有经过这样的改造，且不愿意接受健康、平和、开放和自省的民族文化，因而常常引起周边邻国的反感。我们承认差异及其文化之间的相对性，但是我们不承认文化比较的，无原则的相对主义。具有平和内敛、海纳包容精神特质的民族在历史发展进程中，比具有狭隘偏执、封闭自我、惰于接纳特性的民族，更容易体现其快速发展、和谐共荣的趋势。

除以上民族精神的历史特性外，民族精神的传承和发展还需具有时代性的特征，也就是我们所说的与时俱进，适应社会经济、政治发展的最新趋势进行自我剖析、自我修正、自我完善的过程。有时候，这种过程是痛苦的，甚至是刮骨疗毒似的自我矫治。

二、中国精神的演进历程

中国是世界四大文明古国之一，是一个以华夏文明为主体、中华文化为基础，以汉族为主要民族的统一多民族国家，中国疆域内的各个民族统称为中华民族。我国古代，“国”字的含义是“城”或“邦”。“中国”就是“中央之城”或“中央之邦”。周代文献中，“中国”一词有五种不同含义：一指京师，即首都；二指天子直接统治的王国；三指中原地区；四指国内、内地；五指汉族居住的地区和建立的国家。自汉代开始，人们常把汉族建立的中原王朝称为“中国”，兄弟民族建立的中原王朝也自称为“中国”。严格地说，古代“中国”是一个形容词，而不是一个专有名词。

“中国”又以“中华”、“华夏”、“神州”、“炎黄”等代称出现，最早指“天下的中心”，即黄河中下游的中原河洛地带。距今约5000年前，以中原地区为中心开始出现聚落组织，进而演变成国家和朝代，后历经多次演变和朝代更迭，持续时间较长的朝代有夏、商、周、汉、晋、唐、宋、元、明、清等。20世纪初辛亥革命后，中国的君主政体退出历史舞台，取而代之的是共和政体。1949年中华人民共和国成立后，在中国大陆建立了人民代表大会制度的政体。

中华文明的源头不是“单亲文明”而是“多元性文明”，其所含有的“筛选机制”、“亲和能力”、“吸收能力”等内在特征成为中华文明顽强生命力的源泉。中华文明作为一个文化共同体，以“和而不同、美美与共”的博大胸怀，在多层面的互动下，融合了多民族的智慧和文明成果，以文化为载体代代传承。其中，中国精神，是中华文明内在凝聚力的核心所在。

五千年的中华文明底蕴赋予了中华民族精神丰富的内涵，就像其他古老民族一样，华夏子孙的渊源也被赋予了神话色彩。从盘古开天辟地到女娲补天，都是对华夏民族神奇过去的一种缅怀，也是中华精神悠远的历史源泉。近代中国，多少仁人志士为了摆脱国家的深重灾难，挽救民族于危难，抛头颅洒热血，前仆后继谱写了中华民族不畏强权，百折不挠的气节之歌；新中国成立之后，在物质文明和精神文明的建设大潮中，有为国家和民族富强而夙夜不眠，夜以继日攻关克难的各领域建设者精神，也有为国家在国际领域增光添彩的体育健儿竞技精神，更有为国家民族长治久安而甘愿在荒漠戈壁、海岛雪山甘受酷暑严寒等恶劣环境考验而坚守岗位的解放军官兵所展现的国之干城精神。

夏伟东（2003）根据历史发展的角度将中华民族精神的发展分为五个发展阶段，体现了民族精神在中华大地这片沃土几千年来不断演进的历史过程。

1. 古代民族精神——上古至第一次鸦片战争

这一阶段主要体现在民间广为流传的神话故事、寓言、任务、事例以及一些人们耳熟能详的格言之中，比如盘古开天辟地、夸父逐日、女娲补天、后羿射日、愚公移山、精忠报国。春秋战国时期，涌现出了不同学者百家争鸣的局面，产生了各种思想流派，如儒、法、道、墨等，各家学派纷纷著书讲学，互相论战，阐述自己的思想和政治主张，这对中国传统文化的发展，形成了很大的推动作用。其中，以儒家思想最具影响力，也对整个中国的思想文化产生了极为深远的影响。例如，谈到格言警句中，大部分中国人都自然而然地记起，“天行健，君子以自强不息；地势坤，君子以厚德载物”；“三军可多帅也，匹夫不可夺志也”；“三人行，必有我师焉”；“先天下之忧而忧，后天下之乐而乐”等等。

2. 近代民族精神——1840 年鸦片战争到 1919 年五四运动

这一阶段是中华民族由封建社会万国来朝的强盛时代转向半殖民地半

封建社会的特殊历史阶段，中华民族遭受到史无前例的苦难和压迫。多少华夏杰出儿女为国家和民族尽早摆脱苦难和压迫，进行着艰苦卓绝的反抗外来侵略的斗争。林则徐虎门销烟、三元里抗英、太平天国起义、义和团运动、戊戌变法、辛亥革命等，都突出体现了中华民族自强不息、百折不挠、坚贞不屈的民族精神。这一阶段承启了古代民族精神向现代民族精神的转化。

3. 现代民族精神——五四运动到新中国建立

这一时期实际上就是中国新民主主义革命时期。在陈独秀、李大钊这一批先进知识分子的探索下，马克思主义思想传到了中国。中国共产党的诞生是中国革命发展的客观需要，是马克思主义同中国工人运动相结合的产物。中国人民在中国共产党领导下，以马克思主义为指导思想将其与中国具体实际相结合，逐步取得了新民主主义革命的胜利。这一时期，中华民族精神被赋予了崭新的形式和内涵，如井冈山精神、长征精神、延安精神、南泥湾精神、白求恩精神、董存瑞精神等。

4. 当代民族精神——建国初期到 20 世纪 80 年代实行改革开放

新中国成立后，国家由新民主主义革命逐步转入社会主义建设阶段。人民群众在中国共产党领导下，发扬“一不怕苦，二不怕死”的精神，以饱满的干劲把一个饱受战争摧残、一穷二白的国家建设成为一个“人人有饭吃，人人有衣穿”的幸福新社会。这一时期，广大人民群众发扬当家做主的主人翁精神，将满腔热情投入社会主义建设的干劲中，涌现了大庆精神、焦裕禄精神、“两弹一星”精神、雷锋精神等。

5. 新时代民族精神——20 世纪 80 年代至今

党的十一届三中全会以来，我党的工作重心转移到社会主义经济建设上来，实行改革开放，为建成富强、民主、文明、和谐的社会主义现代化国家而努力奋斗。改革开放之后，邓小平同志曾对中华民族精神的内涵做出了高度的概括，他提出要坚持和发扬在长期革命战争中形成的“五种革命精神”，即革命和拼命精神；严守纪律和自我牺牲精神；大公无私和先人后己精神；压倒一切敌人、压倒一切困难的精神；坚持革命乐观主义和排除一切困难的精神，并强调，搞社会主义建设，实现四个现代化，同样要大大发扬这些精神，应当使这些精神成为中华人民共和国的精神文明的主要支柱。

第三节　中国精神的来源与传承

按照西方主流学术思想，精神是文化的唯一本体。许多学者尝试从中国传统文化的角度出发，对中国精神的内涵和特质进行界定。张岱年（1994）将中国几千年传统文化的基本精神总结为天人合一、以人为本、刚健自强、以和为贵等四个方面的内涵，并对其一一做了详尽的阐释。张立文（1994）认为“和合”是中国精神的根本，浸润着中国文化思想的各个方面，并从人与自然、人与社会、人与人以及人与自身心灵的关系等方面，对“和合”思想进行诠释。袁祖社（2012）分层次地在知识论、价值论和信仰论意义上，对中国精神进行了界定，认为中国精神指历代中国人在追求真善美过程中所表现出的独特的精神气质、心理特质、意志品质等；并且这些内容建立在中国社会历史的变迁和中华文明不断进化的过程中，以及人们所形成的对宇宙、世界和人生的实践性认知基础之上。李明泉等（2012）认为中国精神的历史内涵和时代特点就表现在融通互动、协和一致的五个精神层面包括天人合一的宇宙精神、仁者爱人的道德精神、自强不息的奋斗精神、万众一心的团结精神和开放博纳的创新精神。徐蓉、宋城长（2013）从民族精神和国家精神的结合，传统文化与现代化精神之间的相互映照，以及马克思主义中国化与中国的文化与现实之间的关系等三个维度，阐述了中国精神的要素与结构。

一、中国传统文化的基本精神

中国文化从传说中的伏羲、神农、黄帝以来，延续发展了五千年，在15世纪以前，一直居于世界文化的前列。此后，中国的四大发明传入欧洲，促进了西方文化的迅猛发展，中国却相对落后了。19世纪，中国受到帝国主义列强的侵略，中国人民和无数仁人志士奋起抗争，努力寻求救国之道。1949年以后，中国文化继续延续发展，奋发图强，大步前进。这种促进中国文化长期延续和不断革新的思想基础，就是中国文化的基本精神。探寻中国精神的来源，就应深刻认识到，中国精神孕育于中国几千年以来的传统文化当中，儒、道、佛三家思想是构成中国传统文化的主体。

儒家思想十分丰富。就个体讲有“仁、义、礼、智、信、恕、忠、孝、悌”等思想。其中，“仁”是儒家思想的核心，也是其道德理论体系的根本原则，是社会政治、伦理道德的最高理想和标准。《论语》中“仁”字出现了一百多次，多处对“仁”的思想原则进行了强调和论述。儒家认为“仁”包括所有美德，“仁”是其他道德规范和道德范畴的总纲，也是其他优秀道德品质的核心。“仁”的思想一直为历代儒家学者所重视，并成为儒家道德理论乃至整个思想学说的根本。

儒家的另一代表性思想是“中庸”。中庸之道是人生大道，是事业、成功、生活与健康的根本理论。我们可以从三个角度理解中庸思想：第一，中不偏，庸不易。儒家认为在人的一生中，不应该偏离自己的目标，不应该变换自己的主张；第二，平和、中正。儒家思想主张人需要保持中正和平和的心态，个人情绪都不应太过，唯有如此，才能保证身心的健康发展；第三，“中”是指“好”，“庸”通“用”，即人要有所长，要做一个对社会贡献价值的人。

道家思想影响了整个中国古代哲学的发展，是中国辩证思想的重要源泉。“道”指世界本源、本体、规律或原理，是中国古代哲学的重要范畴。道家思想的“反者道之动”，即天地万物都存在两个互相矛盾的对立面以及对立面的相互转化，并提出一系列矛盾，如：有无、难易、长短、高下、前后、美丑、智愚、刚柔、兴衰、大小、生死、轻重、福祸、强弱、胜败、进退等等。“有无相生，难易相成，长短相形，高下相倾，前后相随。”矛盾的任何一方面都不能孤立存在，而是互相依存，互为前提的。

道家的核心思想是“道法自然”，强调返璞归真，顺应自然，尊重自然规律，其最终归宿是实现“清静无为”的至高境界。清静，指的是心神宁静，无为，指的是不轻举妄动。“无”是道家哲学的本质特征，“天下之物生于有，有生于无”，“道生一,一生二,二生三,三生万物”。道和无都是产生天地万物的本体，但是无是对道的本质。也即，有与无互相依存，但“无”比“有”更为根本。

缘起是佛教最根本的教理，是佛教中关于存在与生命、宇宙与人生的根本看法是因果、空有、平等、慈悲、解脱等观点的哲学基础。缘起，即世间万物都通过因缘和合而生，“因”指根本的、内在的作用与条件，“缘”指外在的、辅助的条件。既是因缘所生，自不免有迁流变化。因此，生物的生老病死，万物的相生相克，世间的时序流转，宇宙的成住坏空，一切都脱不出无常的范围。这种生灭代谢，相续不停的情况，就是人生和宇宙间，一切现象的真理。

儒道佛三教，都强调和突出人类精神所能达到的那种自觉性、超越性、普遍性和永恒性。中国精神作为一种民族精神，孕育于中国主流的儒、道、佛等思想，经中国传统文化的萃取与沉淀，而为全世界炎黄子孙所共同认同与传承，并有别于西方国家民众所表现出的精神气象。按照著名哲学家张岱年（1994）的观点，中国传统文化的基本精神可以总结为四项内容：

第一，天人合一。天人合一思想是中华传统文化的主体，是中国人最基本的思维方式，儒道佛思想都体现了“天人合一”的境界，既是回归人性的本源、本体，也是人性的升华和生命的超越。首次明确提出“天人合一”四个字的是宋代的张载明，但其思想始于春秋时期的《左传》，后经儒家的《孟子》、《周易》等得以延续和发展。天人合一思想强调人与自然是相互依存、不可割裂的，这与西方“战胜自然”有很大的区别。

第二，以人为本。以人为本是相对于宗教中的以神为本和社会发展中的以物为本而言的。人本思想始于孔子，“民为贵，社稷次之，君为轻”，就是中国儒家政治哲学对人本思想的集中表述，又经后汉思想家仲长统进行了最为明确的表述。人本思想强调人是社会生活之本。受儒家人本思想的影响，中国文化中有一个以道德教育代替宗教的传统，因此，中国知识分子的宗教意识也都相对比较淡薄。

第三，刚健自强。刚健自强，是关于独立人格和为坚持原则可以牺牲个人生命的思想，可谓是中国文化思想的主旋律。《周易》中的“天行健，君子以自强不息”，《论语》中的“匹夫不可夺志也”，都主张人应克服艰险而不断进取，通过不懈的努力磨砺个人的品格，坚持自己人格的尊严，这是刚健自强的最基本的要求。刚健自强思想在历史上对知识分子和广大人民起到很大的激励鼓舞作用。

第四，以和为贵。中国古代以“和”为最高价值，《周易》中所谓“太和”思想，孔子主张的“和而不同”思想和孟子提出的“人和”思想等，都显示出儒家强调以和为贵的特点。以和为贵的思想在历史上曾经起到了促进民族团结，增强民族凝聚力的积极作用，近代汉族又和五十几个少数民族融和，中华民族内部密切团结而成为统一的整体。

二、中国精神面面观

中华民族精神的主体内容，既反映了传统中国人的思想品质，又体现了当代中国人的精神风采；既具有鲜明的中华民族风格，又超越了狭隘的民族主义；既深深植根于中华文化的优秀传统之中，又广泛吸收了其他人类文明的有益成果；既是中华民族积五千年之精华的结晶，又是中国共产党人领导人民在社会主义革命、建设和改革实践中所创造出来的时代精神的升华。一言以蔽之，中华民族主体精神是在新的时代背景下对传统民族精神的高度概括与凝结。在长期的历史发展过程中，中华民族形成了许多基本精神，其中持续时间最长、影响范围最大、特色表现最鲜明的主要有以下四个方面。

1. 求真务实

宋代哲学家程颐，提出“君子之学，贵乎行”。不尚空谈和求真务实，是中华民族的传统美德。儒家学说讲究经世致用，思考的对象不重视鬼神，而重人事，重人伦。中国传统文化也较为注重现实，注重理论为实践服务，注重实践在认识、教育等方面的作用，反对华而不实。在传统文化的熏陶下，中国人历来重视实际、讲究实用、追求事功，而轻浮华、贬空谈、鄙玄虚，表现出黜玄想而务实际的精神。求真务实精神在中华民族的基本表现是，强调在平常生活、政事日用、耕稼工商等实践活动中去实现人生理想；没有形成宗教狂热，即使是信仰某些宗教，也是希望在现世中去追求和实现善的境界。

求真务实精神同中华民族主体精神是息息相关的。缺乏求真务实精神，不从实际出发，就可能只看到成绩，看到形势好的一面、积极的一面，盲目乐观，从而导致骄傲自满、心浮气躁、盲目乱干，导致贪图享乐、耽于安逸、不思进取。俗话说：空谈误国，实干兴邦。可见，缺乏实事求是的思想作风，还会使一些人只看到国家的不足，只看到它的落后，从而丧失民族自尊心和自信心，陷入民族悲观主义和虚无主义的泥坑之中。反过来，一个人只有具有爱国主义情怀，才能正视祖国的一切，既不会因为祖国的落后、贫穷和不足而自暴自弃，也不会因为祖国取得了伟大的成绩和进步而骄傲自满、盲目自大。中国文化中的自强不息精神，要求我们不畏艰难、积极向上、刚健有为、充分发挥主观能动性。然而，自强不息决不是不切实际的夸夸其谈、盲目乱干，而是建立在尊重事实、尊重客观规律的基础上。因此，求真务实精神是坚持和弘扬中华民族主体精神的思想基础。

2. 博大宽容

作为主体民族精神的自强不息与作为基本民族精神的博大宽容均是由《周易》同时提出来的。《周易》所提的“天行健，君子以自强不息。地势坤，君子以厚德载物。”所谓“载物”，就是包容万物的意思。它表明，君子应当以宽广的胸怀、宽厚的仁德去包容一切。“厚德载物”集中体现了中华民族的博大宽容精神。在处理人与自然的关系上，它突出“天人合一”。在处理国际关系、民族关系问题上，中华民族强调“协和万邦”，亲善友邻，对外族采取持之以和、待之以义、平等互助的政策。新中国成立以后，中国共产党人对传统的博大宽容精神加以改造和弘扬，发展出国际主义精神。在对待各种外来文化问题上，中华民族表现出百家争鸣、兼容并蓄的态度。“殊途同归，百虑一致”，中华民族不仅包容了无数地域文化和少数民族文化，还以博大的胸怀接纳各种域外文化。例如，对于从印度传来的佛教文化，中华民族不是排斥，而是采用开放态度，不断加以吸纳、改造和提高，并将之融入中华民族文化之中。中国历史上儒、释、道三家虽然存在一定的冲突，但总体上却是并行不悖，共同融合进中华大一统文化格局之中。这种兼容并包的文化态度和文化价值观，充分展现了中华民族海纳百川、宏伟开阔的气魄。在处理个人与他人的关系问题上，中华民族讲究宽以待人，严于律己，成人之美。中华民族的博大宽容与团结统一、爱好和平紧密相关。博大和宽容是团结统一、爱好和平的精神基础。

团结统一并非不承认差别，不承认多样性，而是在尊重彼此不同的前提下做到求同存异，实现团结合作，维护和促进民族的统一。要达到团结统一的目标，就必须学会宽容，必须拥有博大的胸襟。作为传统文化主干的儒家最讲究“和”，其倡导的“和为贵”思想，充分展示了博大宽容同爱好和平的统一关系。“和而不同”表现在处理国际关系、民族关系上就是首先承认各国的民族特殊性，承认差别，承认多样性，然后彼此间沟通、融合、借鉴，反对霸权主义和帝国主义，这种博大宽容精神显然有利于世界和平事业的发展。江泽民同志在美国总统乔治·布什（George Bush）图书馆发表演讲时说：“和谐而又不千篇一律，不同而又不相互冲突。和谐以共生共长，不同以相辅相成。和而不同，是社会事物和社会关系发展的一条重要规律，也是人们处世行事应该遵循的准则，是人类各种文明协调发展的真谛。”

3. 艰苦奋斗

艰苦奋斗作为中华民族的优良传统，是一个含义很广的精神品格，包括艰苦创业、吃苦耐劳、勤俭节约、积极有为、知难而进和坚韧不拔等内容。我国古代不少思想家提出了艰苦奋斗的主张。孔子要求人们“学而不厌，诲人不倦”，“发愤忘食，乐以忘忧”。孟子不仅提出“天将降大任于斯人也，必先苦其心志，劳其筋骨，疲乏其身，行拂乱其所为”的观念，还大力倡导“富贵不能淫，贫贱不能移，威武不能屈”的大丈夫气概。虽然少数思想家主张无为的理论，但提倡积极有为、节俭反奢、顽强拼搏、艰苦奋斗却是中华文化的主导精神。正是靠着艰苦奋斗的精神，中华民族才在人类文明史上创造了不凡的伟绩。

艰苦奋斗同中华民族主体精神也是相互贯通、有机关联的。一方面，在某种意义上，吃苦才能兴国，勤俭才能建国。正如古人所说，“生于忧患，死于安乐”。只有大力弘扬艰苦奋斗精神，才能为富国强民节约宝贵的资源，创造更多的财富。如果贪图安逸，不思进取，奢侈浪费，必定亡党亡国。另一方面，一个人具有爱国主义精神的人，必定会为祖国的繁荣富强而尽心尽力，艰苦创业，积极进取。一个意志品质薄弱、不愿吃苦耐劳的人，一个只图享乐不思发奋图强的人，难以做到自强不息。只有当我们民族的绝大多数社会成员能够艰苦创业，大胆进取，积极作为，中华民族才能自强不息，才能屹立于世界民族之林。反过来，当自强不息成为中华民族绝大多数人自觉的追求和共同认可的价值规范时，就会激励和引导人们不畏艰险、吃苦耐劳，从而去战胜前进征途上的困难。

4. 尚仁重义

中华民族素以礼仪之邦著称于世，崇尚道德成为中华民族最显著的特点之一。中国几千年文明的发展和进步，是与对道德精神的追求分不开的。重视道德是中华文化延续不断的主题，其中作为中华文化核心的儒家学说，对塑造中华民族精神起了相当大的作用，而它又是一种伦理体系，建构了一套完整的道德学说。在以儒学为主体的中国传统文化的熏陶下，推崇道德成为中华民族自觉的行为准则和精神追求，成为中华民族国民性格、价值观念的重要内容。

崇尚道德的精神具有极其丰富的内容，其中最重要的是尚仁重义。“仁”是一个相当古老的伦理范畴，早在《尚书》、《诗经》等典籍中就谈到了“仁”。后来，以孔子为开山祖师的儒家对仁进行了系统阐述。在儒家那里，“仁”就是“爱人”，就是讲究忠恕之道——己立立人，己达达人，即修己安人。墨家学派的创始人墨子则提出了“兼爱”理论。中国传统文化中的仁爱思想尽管存在某些历史局限性，它同中国共产党人所倡导的大公无私、自我牺牲等奉献精神不可同日而语，但是它有助于培养人们的利他主义精神和集体主义观念，因而奠定了无私奉献精神的基础。舍己救人、乐于助人等精神，正是中华民族崇尚仁爱精神的具体体现。重义轻利也是中华民族基本精神的重要内涵。儒家主张先义后利、以义驭利、重义轻利，造就了中华民族积极行义的道德品格，形成了中华民族坚持正义的凛然正气。

尚仁重义的基本精神与中华民族主体精神同样是统一的。舍己为人、克己利人可以说是爱祖国的道德基础，一个没有仁爱之心的人，一个不关心他人的人，决不可能爱他的祖国，也不可能在他人、国家的生命财产受到威胁时，挺身而出，见义勇为。孔子很早就揭示了仁义精神同勇敢品性之间的辩证统一关系。他认为“见义不为无勇也”，“勇”不能孤立存在，故孔子说：“君子有勇无义为乱，小人有勇无义为盗。”可见，“勇”是以“义”为节制的合理化行为，脱离开“义”的“勇”，只能是有害于社会的“好勇斗狠”。

5. 爱国主义精神

中华民族精神不是一种抽象的概念，它所折射出的底蕴和更深一层的内涵是爱国主义精神。中华民族是一个不屈不挠、历经磨难、自强不息的民族。鸦片战争以来，中华民族不甘忍受耻辱，前赴后继，用血肉长城驱逐了侵略者，谱写了一曲曲悲壮的战歌。热爱祖国、报效祖国，把祖国建设得繁荣富强，实现中华民族的伟大复兴，是每个中国人的崇高理想，是爱国主义的本质所在。中华民族精神是一个历史范畴，在不同社会发展时期、不同阶段，有着不同的具体内容。

人民对自己祖国的感情埋藏在心底，如同与父母家人的感情一样，永远无法割舍。这种真挚的感情使海外游子常常心怀一腔乡愁，盼望落叶归根；这种感情又使身在祖国的人们，深感热土难离。爱国是中国人发自心底的感情，又是心中坚定的信念，这种信念植根于我们中华民族不甘耻辱、不屈不挠、自强不息、奋发图强的精神。“砍头不要紧，只要主义真。”革命烈士夏明翰面对敌人的屠刀视死如归，无数夏明翰式的共产党员用血肉之躯挽救国家于危难之时；无数优秀中华学子，身在异国他乡刻苦钻研，为国争气，学成之后不为国外荣华富贵所动，毅然回国投身祖国的建设。事实证明，中华民族的历史就是一部爱国主义的历史、一部民族自强不息的历史。

求真务实、博大宽容、艰苦奋斗和尚仁重义揭示了中华民族基本精神同中华民族主体精神之间的关系，说明了两者之间互为条件、互为补充、互为目的、互相依存和互相作用的关系，而中华民族主体精神从总体上统领着民族基本精神，处于民族精神的主导地位。爱国是中华民族的传统、是中华子孙的美德，爱国更是对中华民族精神的一种生动的诠释。而中华民族精神则是中国革命胜利和建设的精神动力，是光照千秋的高尚情操，是伟大的中华之魂。

第四节　企业家精神与精神管理概述

一、企业家与企业家精神

1. 企业家与企业家精神相关概述

企业家（Entrepreneur）的概念在经济学中的应用始于法国经济学家Cantillo（1775）的《商业概览》，他将企业家定义为承担经营风险的人。而最早赋予企业家突出重要性的是Say（1803），这一概念后经Mill（1848）推广和传播而成为经济学乃至其他学科研究的一个重要领域，来自各个学科领域的学者们都曾对企业家精神进行过研究，如Steward（1991）从人类学角度，Shaver和Scott（1991）从心理学角度，Reynolds（1991）从社会学角度，而更多的经济学家们则从经济学和管理学的角度对其进行了不同的论述，虽然方法不同，但是其中心议题还是一致的，即试图找出企业家取得成功的根本原因。

企业家精神（Entrepreneurship）一词源于法语“entreprendre”，意为组织和经营事业的能力。西方发展到19世纪，人们将企业家具有的某些特征归纳为企业家精神。在使用英文术语时，企业家（Entrepreneur）和企业家精神（Entrepreneurship）这两个概念常常互换。长期以来，学者们在研究探讨企业家这一概念时，一般都是从商业、企业管理、资本运作及个人特征等方面进行定义的。进入20世纪后，企业家概念得到进一步抽象——将企业家精神的定义拓展到了行为学、心理学和社会学分析的领域。目前来看，对于企业家精神的相关研究主要分为以下几个方面：

Marshall（1912）认为企业家精神是利用市场非均衡性开拓市场和创

造利润时所表现出的创造力、洞察力和领导力。Knight（1921）认为企业家精神的实质是，在确定环境中，保持创造性、敢于承担风险的能动精神。Schumpeter（1934）从经济学的角度，将企业家精神定义为一种经济首创精神，认为企业家精神的本质就是创新，这里的创新主要是指将技术革新引入经济组织并建，是一个“不断推出新的生产组合的过程”。Kirzner（1973）强调企业家精神表现在市场中的获利机会方面，认为企业家精神是识别并抓住新机会的能力。Miller（1983）提出了企业家精神的基本维度，认为企业家往往“致力于产品市场的创新，承担一定程度的风险，最先启动超前行动式的创新，并对竞争对手致以沉重的打击”，并将企业家精神概括为三个基本维度：创新、冒险、超前行动。Stopford 和 Baden（1994）将企业家精神归纳为企业家群体所共有的 5 个特质：前瞻性、超越现有能力的渴望、团队定位、解决争端的能力和学习能力。Morris（1998）将企业家精神定义为通过资源投入和机会利用来创造价值的过程，包括新企业的建立、新产品或服务的开发、新流程的引进、新市场的开拓和新技术的产生。Wennekers 和 Thurik（1999）认为，企业家精神涉及 13 个方面的内容，包括对风险和不确定性的认识、经济资源的组织和配置能力、创新性和发现新商机的能力等。

叶勤（2000）认为企业家精神的构成主要包括：对成就和财富的强烈欲望，富于创新、追求卓越的自信以及敢于承担风险和失败的精神。李维安和王辉（2003）将企业家精神定义为“企业家在追求效用最大化的过程中所表现出的对成功的强烈欲望，勇于创新和承担风险的行为偏好以及诚信经营的道德品质”。李靖（2004）分析认为，传统的企业家理论在对企业家和企业家精神的诠释上，没有涉猎到企业家精神的伦理维度，这导致现有的理论对现实经济中的企业家行为缺乏令人信服的解释。因此，必须建构企业家精神的伦理维度以实现企业家精神的范式重构。孙诚、冯之浚

（2006）认为，企业家精神所涉及的内容非常丰富，包括洞察力、创新、团结、合作、集思广益、勇担风险、无私奉献、远见卓识、求知好学、宽容大度和积极进取等精神。

通过上述国内外关于企业家精神内涵的相关研究可以看出，目前，企业家精神尚没有一个统一的、权威的、标准的定义，其内涵也从未有过任何严格的界定。国内外研究者多从企业家的个人精神特质，或者企业的实际经营业绩等方面界定企业家精神的内涵，如创新、冒险、机会敏感、战略更新、创造利润等。由于企业家精神含义的广泛性，以及研究方法的不同，众多学者对企业家精神的理解也不尽相同。在理论研究中，企业家精神的定义一般都较为全面，可以涵盖企业家精神的所有内容，以达理到论体系的完整。但在实证研究中，受限于统计资料的可得性和研究方法各异，企业家精神的定义则更加具体和简单，只能限定于一个或者几个较为重要的方面来进行研究，不同学者对企业家精神的理解也不尽相同，研究的侧重面也差异很大。

综上所述，企业家精神是指企业家组织建立和经营管理企业的综合才能，它是一种重要而特殊的无形生产要素。笔者将其定义为：企业家精神是个体竞相成为企业家的行为，它是企业家的某些个体特征，同时受经济制度、社会文化环境的影响，是在企业家的经营管理活动中所形成的，识别机会、创新、承担风险和战略更新等经济绩效方面的能力和诚信经营、社会责任和员工关怀等企业伦理方面的特质。

2. 企业家精神的基本维度

较早提出企业家精神基本维度的是Miller。他认为，企业家型企业往往“致力于产品市场的创新，承担一定程度的风险，最先启动超前行动式的创新，并对竞争对手致以沉重的打击”。所以，企业家精神可以概括为三个基本维度：创新、冒险、超前行动。至今，仍有许多学者采用 Miller 所提出的企业家精神的几个基本维度，并以此为理论依据开展了广泛的实证性研究。

对于企业家精神的维度，学者们的理解各有不同。笔者认为，企业家精神可以从空间和时间两个维度进行理解，从空间上讲，企业家精神的维度并不是单一的，而是多样化的；时间上讲，企业家精神的维度也不是固定不变的，而是随着实际情况动态变化着的。不同时期和背景的企业家们所表现出来的精神特质是不同的，在当今的全球化时代，企业家精神应该划分为创新精神、冒险精神、合作精神以及伦理道德等四个基本维度。

创新精神维度

首次对企业家的职能和作用进行明确界定的是约瑟夫•熊彼特（Joseph Schumpeter）。他不仅把企业家提高到“工业社会的英雄”、“伟大创新者”的高度，而且强调企业家的职能是“创造性破坏”、“实现生产要素重新组合”。这种对生产要素的重新组合，就是建立一种新的生产函数，就是创新。美国企业管理学家彼得•德鲁克（Peter Druck）在《创新与企业家精神》一书中提出企业家精神就是社会创新的精神。他不仅论述了创新对于企业家精神的重要性，还将创新和企业家精神引入到经济和社会的领域中。要想实现经济和社会的发展，客观上就要求企业家必须拥有创新精神，这既是对企业家角色的本质规定，也是企业家的标志。

冒险精神维度

坎迪隆（Richard Cantillion）和奈特（Frank Rnight）两位经济学家，将企业家精神与风险（risk）或不确定性（uncertainty）联系在一起。没有甘冒风险和承担风险的魄力，就不可能成为企业家。美国 3M 公司有一个非常有价值的口号：“为了发现王子，你必须和无数个青蛙接吻”，这里的“接吻青蛙”意味着冒险与失败。对于1939年在美国硅谷成立的惠普、1946年在日本东京成立的索尼、1976年在中国台湾成立的Acer、1984年分别在北京、青岛成立的联想和海尔等众多企业而言，虽然这些企业创始人的生长环境、成长背景和创业机缘各不相同，但无一例外都是在条件极不成熟和外部环境极不明晰的情况下，凭借冒险精神取得成功。

合作精神维度

艾伯特•赫希曼（Albert Hirschman）充分肯定了熊彼特（Schumpeter）关于“创新是企业家基本特征”的结论。但他同时指出，熊彼特忽略了企业家精神中非常重要的合作因素。赫希曼（Hirschman）认为，“其他要素包括对生产方法的发明者、合股人、资本家、零件劳务提供者、批发商等利益相关者的协调能力；与政府官员在关税、执照、外汇管制等方面取得密切合作的能力；组织和激励员工以及成功处理员工关系等”，这些要素可以概括为合作精神。道格拉斯•诺斯（Douglass North）在其新制度经济学中也强调了合作精神的重要性，并认为它是企业家精神的第二来源。他认为，在企业管理过程中，企业家需要对人力和物质资源进行优化配置，而这恰恰需要企业家的合作能力和合作精神。在经济全球化的时代，许多大公司都是通过合作组建联盟，扩大自己的竞争实力，进而在全球的市场竞争中获得优势。企业家要摒弃传统的竞争理念，吸纳现代的合作意识，培养顺势的合作精神。

伦理道德维度

道德作为衡量行为正当与否的观念标准，具有明显的社会性。企业在进行经济活动的过程中，与各方面都发生利益关系，必然涉及伦理和道德问题。企业家的价值观作为一个系统，不仅对其个人的思想和行为产生指导作用，也必然体现在其制定企业战略、进行企业决策、协调企业内外部关系等行为中。企业家的伦理道德观念和道德实践活动对个人、企业和社会会对企业产生重大影响。企业家若想让自己的企业能够在业界脱颖而出，长青不倒，就必须将生产经营和道德结合起来，将道德作为企业的发展动力，并将道德理念融入企业文化的建设中。

3. 企业家精神影响因素分析

人口结构因素

企业家创业行为的主体是企业家，人口结构因素是影响企业家精神最直接的因素。相关实证研究表明，平均年龄在 30 到 45 岁之间的男性创业成功率相对较高。这可能是因为随着年龄的增长，人积累了更多的财富与经验以及男性在耐受力等方面的优势，就业与创业变得更加容易（Glaeser，2007）。另外，很多经济学家发现，受教育程度较高的人群拥有更多的创业技能，更有可能成为企业家。但国外也有学者对此也提出反对意见，Berkowitz（2005）就曾指出企业家创业精神的本质是冒险，受教育程度较高的人更有机会获取稳定的工作，在实施创业行为时相较于普通人要承担更多的机会成本从而抑制了他们的创业动机。

要素禀赋因素

根据西方经济学中的生产者理论，企业生产产品、提供服务所需的生产要素主要包括自然资源、资本、劳动以及技术。Klink（2001）认为区域的要素禀赋状况可能成为促进企业家创业成功最关键的因素之一。例如，某区域拥有某种丰富的自然资源，以该资源为主要投入要素的企业就会在此聚集；市场机会能进一步促使新企业的创立，新产品的不断开发以满足新需求。张维迎和盛斌（2005）指出，由于不同类型的创业型企业对于要素的使用密集程度不同，因而要素禀赋的差异决定了不同地区要素获取的难易程度和要素获取成本的不同，这些都会对企业家的创业行为造成一定的影响。

市场环境因素

市场环境是指企业家创业活动开展后，影响其所提供产品与服务的生产和销售的一系列外部因素，主要包括经济因素、社会文化因素以及自然地理因素等，这些因素与企业家创业成功后能否实现持续经营、快速成长与拓展市场密切相关。具有较高市场需求的产品，容易产生规模经济效应，从而使企业家为节省运输成本而靠近原料与最终产品市场。同时，政府对市场较少的干预也为企业家们开拓市场提供了更多的激励。另外，现代经济中企业家要实现拓展还要依靠完善的金融体系。King 和 Levine（1993）认为，完善的金融体系应该评估并筛选最有可能成功进行“创新”活动的企业家，以保证资金流向最具生产效率的领域，并降低筹资成本。按照 Rosenthal 和 Ross（2007）的观点，考虑到所在区域的违法犯罪以及暴力等行为对企业持续经营的干扰，企业家往往倾向于在社会治安较为良好的区域展开创业。Rosenthal（2005）较为系统地分析了地理因素对企业家创业精神的影响，其研究表明，为节约成本，企业家往往倾向于考虑在沿海地区以及公路建设较为发达的区域进行创业。

二、中国商人的企业家精神——华商精神与儒商精神

“华商”一词，泛指遍布全世界的具有中华民族血统的华人商人，传统的晋商、徽商、浙商、闽商、台商、粤商、港商都属于华商范畴。华商这一商人群体，具有很强的中华文化背景，与犹太商人、阿拉伯商人齐名。博大精深的中华文化是海外华商的精神财富和文化渊源。华人不论拥有何种国籍，他们都是炎黄子孙，在语言、文化、教育、风俗习惯、价值取向等方面深受中国文化的影响。华商对中华民族文化的保留和传承，赋

予其特殊的精神素质以克服事业上的各种困难，并获得令世人瞩目的成绩。探求华商文化的渊源，主要体现在以下三个方面：

首先，“缘”文化。血缘、地缘及业缘关系增加了华商的竞争力和凝聚力。华商所经营的传统产业，大多为家族式企业，为居住国的经济发展做出巨大贡献；地缘关系在维系华商文化方面起到很大作用，例如许多加拿大大温哥华地区的华商与亚洲地区的各华商之间进行合作；华人社会根据业缘关系而相互帮助、共谋发展的事例尤为突出。在重视诚信的华人社会中，华商间的相互信赖关系是建立在共同合作的基础上的。

其次，儒家文化。毋庸置疑，华人移民，尤其是第一、二代移民，他们曾受到儒家文化的熏陶。孔子的中庸、忠恕、仁、义、礼、智、信等思想深植于于一代又一代的华人精神中，指导其思想及经济活动。儒家文化中“以人为本”、“天人合一”、“勤俭克制”、“重视教育”等观念，对企业凝聚力的增强起到非常积极的作用。

再次，慈善文化。华人，尤其是东南亚地区的华人，受佛教、道教的影响很深，继承了中国古代的商业文化。华商在取得相当的经济地位之后，不忘，通过捐赠社会福利和慈善事业来回馈社会，从而使其自身的社会地位和企业的知名度得以进一步的提高。

从华商文化的渊源看来，华商精神可以定义为：华商在经济活动中，所表现出的具有浓厚的中国特色的管理理念和管理哲学以及自身的价值取向和精神特质。可以说，华商精神是中国精神的一部分，是中国精神在经济领域的具体体现。

华商的管理哲学和管理思想是对西方的科学化管理理念的重要补充，在现代的企业管理中具有其独特的价值。首先，华商精神中的“人本”思想开创了管理的新理念，企业的管理者开始逐渐由过去单纯地以硬性管理为主的管理方式，转变为重视对人性的激励和人才的培养上。其次，华商精神中的“无为”思想是管理的新境界，管理者通过提高自身的道德修养和对下属的道德教化进行管理，用典范的形象形成良好的企业文化，使员工自觉为公司目标而努力。此外，华商精神中的“人和”思想是员工管理的新模式，华商文化强调“和为贵”，主张建立和谐的人际关系。现代企业管理中的“双向对称”思想与“人和”思想不谋而合。

流传久远的儒家思想两千多年来一脉相承，影响中国人的思维至深至远，形成了海内外华人独特的行为方式和思维方式。儒商精神是指由“援儒入商”所形成的独特的商业人格和行为规范。作为商人要有儒的精神、儒的气度、儒的道德规范，以儒家的道德理想和道德追求为准则去从商、经商，在商业行为中渗透儒家所倡导和躬行的“仁、义、礼、智、信”。从儒家思想的“穷”和“达”的主张来说，即真正的儒商还需要有益于社会，“穷则独善”、“达则兼济”，又使真正的儒商具有强烈的社会责任感和乐善好施的精神，即使在不“穷”不“达”的情况下，儒商也需要有一种“利他”的精神，最起码也要考虑“己所不欲，勿施于人”。

从本质上来说，儒商精神反对为富不仁，强调利以义取。无论是传统还是现代，商业道德都强调站在顾客的立场上考虑问题，强调货真价实、童叟无欺，强调在顾客得到完美服务的同时得到商业利益。儒家思想强调“过犹不及”、“中庸之道”，传统的商业道德则强调不牟取暴利，不搞掠夺式经营，注重商业生态，讲究商人之间、商人和顾客之间的协调发展。儒商始终具有超功利的道德追求，其经商行为始终带有非常浓厚的道德色彩，这是典型的儒商经商理念，是儒商精神对世界商业文明的一个独特贡献。

可以说，华商精神与儒商精神已成为全球华人企业家的一面旗帜。儒家文化是影响了中国 2500 多年的本土文明，其思想深刻地影响着国人的思想方式和行为方式。同样，加拿大华人企业家也正是深受这一文化思想背景的影响，才能够在海外取得事业上的不断成功。事实证明，中国传统文化已经推动了“亚洲四小龙”的经济腾飞，也使得华人企业家在全球经济格局中扮演越来越重要的角色。

三、精神管理的基本理论

精神管理是指在企业管理中顺应人性发展的规律，充分尊重人的主体性，引导和启迪人们对自身行为进行自我协调、自我管理，从不自觉的行为过渡到自觉性的精神的一种管理方式，其主要目的在于提升员工价值，以实现人的全面发展。

通过员工管理发展演变的历程来看，组织行为学理论在员工管理实践中得到了广泛而深入的应用。组织行为学运用心理学理论成果，对员工在组织中的行为、态度、绩效进行研究，为组织管理员工个体与员工团队提供其行为方面的规律性知识。心理学在组织行为学的发展演变过程中成为最主要影响作用的基础学科。随着心理学的发展，组织行为学研究将更加心理学化。

研究员工管理的历史发展，我们发现员工管理不仅要从影响员工绩效的外部因素出发，更要对员工自我内在的心理活动要素——精神意识活动因素加以考虑。而探讨员工精神意识活动与其行为规律，对员工精神进行管理，这就提出了员工管理研究的新领域——员工精神管理。

传统管理的重点在于强调对人的行为外部控制性，与之相比，精神管理充分尊重人的主体性作用，引导人的自我驱动和自我管理，重视人的精神世界和人的行为动力问题，使外部管理与自我管理处于一个良性的互动状态。精神管理的逻辑主要体现在以下几个方面：(1) 人的精神来源于物质，在第一个决定过程中，是由物质决定的。但精神一旦产生，就会变成一种特殊的存在，相对独立，并与精神感知下物质共同决定着新物质的产生以及物质对人的意义；（2）人的精神是一个历史范畴，是物质与意识长期反复作用的结果，凝聚着人类文明的成果；（3）精神的形成和发展是在意识的基础上，从量变到质变；（4）人的行为会受到外部因素的影响，而精神是判断外部环境状况的标尺，是最终的驱动力；（5）人的管理必然以人的精神规律为基础来设立，管理过程必须尊重人的主体性，构建顺应人性规律的管理模式，以自我管理为主、组织引导为辅；（6）生产力的提升只是手段，而不是目的，工作中人与人之间的关系是主体与主体之间的关系，管理与被管理者之间只是分工的不同，不存在等级的差别。这就是说，人在这个范围内具有意志的自主性、行为的责任心和让一切事情屈服于精神的能力，并且能够与人自身中的无拘无束相对抗。管理的目标实现要依靠人的主体性的发挥，人的一切目标、价值都蕴涵在这个独立发挥效用的精神世界当中。

齐善鸿和邢宝学（2011）在《中国企业的"精神管理"实践模式研究》一文中提出，精神管理既不是对雇员精神上的控制，也不是对于精神有问题的雇员的管理，它是培养企业员工健康文明精神的过程。那么在企业中，精神管理就是基于员工的精神规律，通过管理活动来帮助员工不断完善自己的精神，激发他们不断超越和追求至善至美，从而提高员工的生活质量和精神品质，最终促进企业长远发展。精神管理的基本理论包括以下五点：

1. 精神制导理论

人的行为是受自己的精神支配的，而不是简单地受外界刺激决定的。尽管人的行为会受到外界刺激的影响，但是如果对人的行为进行追问，最终一定会追溯到精神。管理，就是要培育人的精神，从而让人以健康、积极的行为去生活和工作，从而提高企业的工作效率。

2. 管理服务理论

企业管理活动产生于一种委托关系。企业家以雇佣的方式将企业的管理活动委托给管理者，管理者为了完成组织的目标，再以雇佣的方式将工作委托给员工。在这种关系下，上级应该支持下级，服务于下级，使其工作任务得以完成并获得职业的成长；下级也应该更好地服务于上级，回报上级的委托信任。在这种情况下，管理的本质就不应该是控制，而应该是基于众人委托关系的服务。如果管理被歪解成控制，那么雇主和雇员之间的关系就会被扭曲，从而影响企业和个人目标的完成。

3. 自我管理理论

德鲁克（2000）提出了“自我管理”的理念，他指出，每一个有伟大成就的人，都善于进行自我管理。这是因为，人具有主体性本质，是管理活动的主体，每个人都可以做自己的主人，进行自我管理。企业中的管理就是要帮助每一个人实现自我管理，从而最终实现企业管理的成功。

4. 自我激励理论

刺激分为两种，外部刺激和内部刺激。但是，外部刺激并不等于激励，激励应该是每个人由内向外，指向深层目标的内在精神驱动力。最好的激励不是物质刺激，而是精神需求上的满足，从而激发员工为了实现自己的理想和生命的价值而努力。

5. 情感管理理论

每个人都有情感追求的权力，这是先天的、不可剥夺的。人类学家通过对世界各个民族的研究发现，人类具有共通的情感符号，这也反映了人类情感需求的共性。在管理主体之间建立起和谐的情感关系，从而保证各自行为的理性，是企业中的管理所发挥的作用。

第二章

加拿大华人历史变迁与中国精神传承

加拿大历史实质上就是一部移民史，无论是印第安人、爱斯基摩人、华人、法兰西人还是英裔加拿大人，全都是移民的后裔，这些来自不同族裔的移民统称为移民集团。在加拿大的建国历史中，各族裔移民在社会、文化、经济等各方面的建设中都起到过重要的作用，做出过不可磨灭的贡献。在整个移民集团中，特别要指出的是华人移民，他们对加拿大建设所做的贡献远远多于其他族裔。修建扬名海内外的横贯加拿大东西的太平洋铁路就是其中一例。对于华人的贡献，加拿大政府是认可的；同时，土生土长的加拿大人也对加拿大华人表示高度赞扬。

加拿大拥有的非常丰富的自然资源，吸引了世界各族裔到此。同来自世界其他国家的移民一样，华人们不远万里来到这块宝地，实现他们的梦想。早期华人在加拿大，遭受了无数的磨难，经历了巨大的挫折，克服了常人难以想象的艰难困苦。多少年来，他们在倍受歧视、迫害和辱骂的环境中，饱经风霜、勤奋工作、吃苦耐劳，凭借自强不息的精神，在加拿大开创了一片新天地。他们懂得艰苦的劳动是生活必经的，也是实现梦想、取得财富回报的途径。所以，早期的华人移民都有意识地教育他们的后代，要相信通过自己的努力是可以实现自我理想和发挥自我价值的。他们鼓励下一代勤奋工作，让他们形成一种“只有勤奋努力才能取得成功、创造财富”的积极进取的工作态度。

华人进入加拿大可以追溯到1788年。当时的华人进入加拿大以后，逐渐成为新一代的苦力，也就是谋生型移民。200多年的移民史也是一部血泪史，一代代的华人怀着“黄金梦”来到加拿大，他们所受的苦难正如李斯嘉在小说里提及的，“华人们承担的不仅是沉重的苦难，而且更多的是不公平待遇。”他们生活在异国，与加拿大本土人有不同的文化传统和处世哲学，缺乏有利的社会背景和人际关系，仅凭个人的艰苦奋斗和勤俭节约创造自己的生活。这一点，是加拿大本土居民都称赞不已的，而且他们认为华人堪称是其他族裔的典范。然而，早期移民到加拿大的华人所得却远远低于付出。

作为低廉的劳工，华人最初来到加拿大时吃不饱，穿不暖，受尽饥寒。尤其是在1881年至1884年间加拿大修建太平洋铁路时期，无数华人为此献出了宝贵的生命，然而他们却在铁路建成后沦为了社会边缘的无业人员。更严重的是，加拿大政府为了限制后续华人移民的到来，强加给华人移民一项每年人均50加元的“人头税”，此后税额更是大幅度提高。这对本身收入就相对较低的华人来说，是一项新的负担，更降低了他们的生活水平。根据1885年加拿大皇家委员会的调查，华工平均每年只能挣得225加元的收入，除去130加元的衣食费用，24加元的房租，28加元的道路、医疗及其他费用，每年只能节省下来43加元。到1923年，加拿大政府通过的《排华法案》彻底禁止了华人的迁入，这种情况直到“二战”结束后才有所好转。之后，加拿大民众对于华人的态度开始缓和，联邦政府对华人的政策也在不断改善。与此同时，第二代的华人移民由于出生和成长在加拿大，可以更好、更快地融入主流社会。由于多种历史和现实原因，加之加拿大华人的自我努力和个人权利的争取，加拿大政府在1971年正式实施多元文化政策，这项政策从根本上改善了加拿大华人的境况。时至今日，加拿大华人已然发展成为加拿大多元文化社会中逐步崛起的中坚力量，并不断创造出卓越的成绩。

华人进入加拿大200多年的历史，见证了华人对加拿大不可估量、不可替代的杰出贡献。从最初1788年第一批华人的到来，到1923年《排华法案》的颁布和实施，直到后来非法种族歧视的消除的200多年来，华人艰苦卓绝的创业精神、勇于开拓的创新能力、高度自觉的爱国热情、持之以恒的奋斗精神以及多年来在加拿大鲜为人知的艰辛磨难都是加拿大华人历史上浓墨重彩的一笔。

第一节　早期华人在加拿大的遭遇和坎坷

据历史记载，第一批华人于1788年在温哥华西海岸努特卡湾（Nootka Sound）登陆。那时的华人由中国南部而来，这些人中，有很多是木匠，熟练制作家具、建筑及航海。当时，一位英国皮草贸易商人，船长约翰•密尔斯（John Meares）在中国华南地区招募70名华人，载他们到达北美洲西海岸，他雇佣这70名华人在该地建筑堡垒要塞，并建造一艘重达40吨的双桅帆船，帆船建完后起名“西北亚美利加号”，当年9月20日正式行下水礼，并完好运行。这是温哥华岛的第一艘欧洲帆船。

帆船“西北亚美利加号”及另一艘皮草贸易船“IPHIGENIA”号载着另一批华人到达夏威夷群岛，这些人也就成了夏威夷地区的第一批华人。第二年，英国人与西班牙人争霸地域主权，努特卡湾堡被西班牙人占领。华人只好逃到墨西哥当矿工。也有资料记载说他们和当地的印第安人结婚并定居在了那里。总之，那一代甚至两代华人的身份在加消失了，直到70

年后，华人才再次出现在北美加拿大的历史舞台上。

1858 年 6 月，约有 300 名华人抵达北美不列颠哥伦比亚省（British Columbia），这批华人从旧金山乘蒸汽船“加勒比号”抵达温哥华维多利亚堡。他们是 1848 年曾在美国参与淘金热潮的华人移民，后来由于生活所迫，到处迁移，最终聚居在温哥华岛维多利亚堡，这地也因此成为加拿大最早的唐人埠。

19 世纪中期的淘金热，吸引了大规模的华人进入加拿大，成千上万的中国沿海贫苦农民漂洋过海，沿旧金山北上到加拿大谋生。早期加拿大华人的生活充满辛酸血泪，他们做的是最苦最累的工作。修铁路，做仆役，但是同样的工作，加拿大华人却不能和其他移民一样获得相同的酬劳，只能获取低微收入；同时不能享有政治权利，还被征收沉重的“人头税”。华人在加拿大生活艰苦，经济拮据；受到加拿大白人的种族歧视，他们只能在华人内部以帮会、同乡会、唐人街等组织形式互帮互助。这种经济上困苦，政治上受压迫的境况一直持续到了“二战”前后。

经过几十年的抗争，加拿大历届政府对平反“人头税”的态度经历了从不予理睬，到虚与委蛇，再到积极处理的转变。随着加拿大多元文化主义政策的逐步确立，华人受歧视的历史彻底结束。如今，早期华人在加拿大的建设中所做出的杰出贡献，受到加拿大政府的嘉奖及其他各族裔的夸赞。

一、早期华人在加拿大的坎坷

早期移民到加拿大的华人大多是广东、中国香港诸地衣食无着的贫民，他们渡海前来“淘金”。太平天国年间，由于起义不断、战乱频繁以及经济不景气等因素，他们来到加拿大另谋出路，寻求生存之道。至 1860

年，不列颠哥伦比亚（British Columbia）地区大约有4,000华人，由于早期加拿大华人的生活条件和工作环境相对较差，人数随着境况的恶化而有所减少。到1866年，只剩下1,705人华人移民，他们继续在金矿淘金。然而，他们发财的机会可以说是微乎其微。由于他们可悲的境遇，当地英语里流传着一个词，意思即“渺茫的希望”、“毫无机会”。随着金矿的枯竭，华人逐渐失去了经济来源。他们开始试图通过找工作来维持生计，但是很难找到体面的工作。他们只能转到煤矿或到鱼类加工厂打工，当其他季节工，到维多利亚（Victoria）当家仆；还有一小部分华人移民靠早期节省下来的一部分积蓄来开设旅馆、从事旅游行业及其他职业。

加拿大建国后修筑太平洋铁路时，大批吃苦耐劳的中国劳工充当苦力。华工所承担的是最艰险地段的施工和最危险的作业操作，尤其是实施爆破、登高和掘洞等威胁生命安全的工作。比如，在开凿1,600英尺的唐纳隧道时，连续两年遇上了罕见的寒冬，很多从来自中国南方来的华工从未见过冰雪，最终被活活冻死在帐蓬里。几月之后尸体被发现时，还握着铁铲和洋镐。当时，就有数以百计的死难的筑路华工的尸骨被送回中国故土埋葬。当然，这些死难者还不包括那些葬身崖底的华工。唐纳隧道曾是世界上最长的铁路隧道，也是太平洋铁路最艰难的一关。他们开凿隧道几十公里，修建涵洞100多个，在大河峻岭间架桥数十座，随时都面临着塌方、坠落、爆炸、瘟疫等事故发生的可能，随时都有生命危险。在施工的过程中，就有1,500人死于疾病和事故，其中华人占很大部分。据说，艰险地段的弗雷泽河谷（Vally of Fraser River）平均每一英尺的铁路下面都有一具加拿大华人尸骨。当时，加拿大总理约翰•麦克唐纳（John MacDonald）也肯定那些早期华人的贡献：没有华人的献身精神，加拿大太平洋铁路不可能顺利完工的。

尽管中国劳工为建设铁路做出了重要贡献，但在1885年铁路竣工后，在敲入最后一颗金色的道钉的庆功仪式上，却看不到一个华人的身影。由于当时不列颠哥伦比亚种族主义比较严重，华人在社会上几乎没有任何权利，太平洋铁路完工后他们很难或根本找不到任何工作。即使在煤矿找到工作，他们也常常被白人罢工工人指责为“破坏罢工”，成了不受欢迎的人。由于华人进入加拿大的人数日益增多，加上太平洋沿岸的美国白人矿工到加拿大时带来的种族偏见，从 1885 年起，加拿大开始了限华活动。不仅民间有反华组织，许多行业也不雇佣华人。排挤、虐待、迫害华人的事件层出不穷。1887 年 2 月 23 日，在温哥华，300 多名暴徒集结起来，殴打华人并拆毁了在煤港附近的多个由简陋住宅构成的小镇，一些华人被逼无奈，只得跳进寒冷刺骨的水中逃生。两名警察高呼维多利亚女王（Queen Victoria）的名字，隔在暴徒和华人劳工之间，保护加拿大华人免受暴徒的攻击。暴徒后来退走，但他们纵火烧毁了华人的住宅。1907 年 9 月 7 日，天空充满雾气，将近 9 千人的西人队伍驶向温哥华市政厅，颇有气势地挺入唐人街。他们手持木棒、扳子或瓶子等各种攻击性工具，穷凶极恶，不失时机地发出狂妄的叫嚣。他们向街面店铺投掷石块，摧毁带有东方色彩和中国特色的商业标志，大肆攻击温哥华市内华裔聚居区，不放过任何一个门窗。最终他们的行为演变成打砸抢，包括焚烧，众多华商都遭受到了数千元的损失，按当时的货币价值核算，是相当大的金钱损失。这些限华、排华动乱使华人的生活陷入更加艰难和痛苦的境地。

除了美国白人的种族歧视和民间的排华活动外，加拿大政府还限制华人移民，并对在加拿大的华人征收人头税。1884 年，加拿大政府对华人征收 10 加元的人头税，1886 年增加到 50 加元，1903 年增加到 500 加元。这项举措大大减少了中国移民在加人数。1923 年加拿大通过了《排华法案》（*Chinese Exclusion Law*）和《中国移民法》，除了个别例外情况外，完全禁止中国移民入境。在该法案通过之后的 25 年里，只有 44 名华人进入加拿大，甚至还规定华人的家眷也不准进入。这就致使加拿大的华人社会男女比例失调，人口迅速下降。中国移民从一踏上这块陌生的土地，遇到的就是极其严重的不公平待遇和种族歧视。

二、早期华人在加拿大的遭遇原因

早期华人移民加拿大主要有三方面的原因：外部动因是加利福尼亚金矿的发现，这使得华人蜂拥来到加拿大，自愿加入淘金者行列；而当时封建王朝的清政府由于人口膨胀压力过大导致的经济不景气、一部分农民食不果腹则是内部动因；此外，1865 年美国奴隶制的废除以及工业革命的迅速发展迫切需要对廉价劳动力的输入，这都使得华人被诱骗并签订劳工合同，更贴切点说更像是签了卖身契。但也由此，为华人移民加拿大开通了一个通道，提供良好的契机。

尽管华人在加拿大勤勤恳恳地工作，但他们的付出远远多于所得。华人为加拿大的早期开发和建设做出过巨大的贡献，却还是受到严重的不公平待遇。这归根于以下两方面的因素：

首先，从华人移民自身方面来看，从 19 世纪中期到“二战”前后，去往加拿大的华人主要从事苦力劳动。他们大都因为国内战乱、经济萧条、衣不蔽体，食不果腹，来加拿大谋求生路；有的直接就是以契约劳工的身份来到加拿大的。因而，他们多是背负着沉重的生存压力，在个人心理方面是自卑和无奈的；在个人技术能力方面，由于来加的原因多数是因为战乱，大多数是在逃难民，所以个人教育水平较低，并不是都拥有一技之长。

更主要的是，在个人语言能力方面，早期华人不懂英语和法语，甚至一些南方来的加拿大华人只会说广东话，他们无法与外界顺畅交流，又加上习俗迥异，只能干些体力活。由于语言不通，收入微薄，他们只能住在华人区内的廉价房屋，久而久之，就形成了华人集聚区“唐人街”，这也是加拿大唐人街的来源。但是这样一来，华人移民更是把自己孤立了起来，在地域上不与白人接触，减少了外界对华人的了解。

同时，华人移民身上所凝聚的几千年文化传统使得他们从政治、经济、文化、人际关系、语言习俗、风尚等各方面都体现出与加拿大本地人不同的，独特而浓烈的中国特色。例如，他们建有观音堂、太公庙，信奉不同的神灵，使得他们在宗教上有别于以基督教为主的加拿大人，致使他们在宗教文化上受到抵制和嘲讽，不被当地人民接受和认可。此外，社会背景方面，当时的中国政治格局混乱，经济落后，与加拿大相比处于弱势地位，这也是造成华人在处于上升阶段的加拿大受到歧视和不公平待遇的客观因素。

其次，从加拿大方面来看，国家从殖民地时期到联邦时期，政府长期执行一条白人加拿大政策，对土著印第安人（Indians）、因纽特人（Inuit）和移民中的有色民族实行种族歧视和种族压迫，剥夺其政治权利，限制其经济活动，致使其经济、文化、教育处于落后地位，长期被摒弃于加拿大主流社会之外。加拿大第一任总理约翰•麦克唐纳（John MacDonald）就曾承认，允许中国移民进入加拿大，绝非出于“人类的友爱”或“基督教精神”，而是出于经济上的迫切需要。这也是当时大多数加拿大当地居民的心理想法。

此外，一些政治家为了争取选民的支持，散布“中国移民威胁论”，夸大华人移民在加拿大的生存事实；诋毁华人移民进行非法活动；煽动民众，让民众对华人移民产生敌对情绪。加拿大的劳工组织也有一种畸形心理，认为华人用低工资同白人劳工竞争。同时，加拿大人又处于经济上升阶段，崇信、依赖西方列强，而蔑视经济落后的中国。可以说，加拿大对中国移民的敌视，与当时的社会情况、政府政策和公众的普遍心理是分不开的。

第二节　加拿大华人社会历史变迁及其身份认同

加拿大的华人移民历史脉络被史学家清晰地划为七大时期：公元1458年—1880年为拓荒时期；1881年—1884年为修路时期；1885年—1923年为人头税时期；1924年—1947年为黑暗时期；1948年—1962年为恢复移民时期；1963年—1980年为肯定时期；1980年至今一直被视为扩大时期。

关于拓荒时期华人在加拿大的记载来自于法国著名汉学家金勒先生（J DeGuignes）的引述和美国学者的著作《中国僧侣于公元5世纪发现美洲》，明确论述和印证了沙门和尚慧深行游的历史价值——慧深本人所记载和描述的风土人情和自然风光指的就是今天的加拿大不列颠哥伦比亚省的一些情况。

有关加拿大华人的社会历史研究方面，国内学者杨立文教授主编的《谢培智教授纪念文集》（2001）为我们介绍了加拿大杰出华人——为中加友谊做出了巨大贡献的谢培智教授。该著作具有重大的学术价值，同时对于研究加拿大华人提供了较完善的现实依据。李未醉的《加拿大华人社会内部的合作与冲突研究》（2007）注重研究华人社会的合作与冲突现象，给后人深入研究加拿大华人社会提供了宝贵的文献。

国外研究者，特别是本土加拿大华人学者对华人移民在民族认同、社会适应、经济和政治地位等方面有较深刻的介绍和较系统的评说。其中李东海（1967）的著作《加拿大华人史》耗时十年，对加拿大华人进行了艰苦研究，书中包含了移民、劳工、华人社区、排华法案、文化和教育以及华人分布等加拿大华人生活的各个方面。此外，有关加拿大华人方面的研究著作还有加拿大唐人街之父黎正恩的《中国城》，此书中展现了加拿大主要城市中唐人街兴衰的历史全貌。

一、加拿大华人移民的社会历史变迁

据 1874 年人口统计，在加拿大境内大约有 3,000 名华人。在 1850 年金矿发现的前 8 个月，就有多达 5 万的华人移民来到了加利福尼亚（California），之后的 1858 年，随着弗雷泽河（Fraser River）一带发现金矿的消息传出，成千上万的华人移民从加利福尼亚来到了不列颠哥伦比亚省。但他们并未意识到某种程度上种族歧视的萌芽正在形成：他们只能在白人挖过的金矿淘金。

1881 年至 1884 年间，由于铁路的修建需要大量的廉价劳动力，中国华人劳工被雇佣修建加拿大太平洋铁路，也就是今天加拿大东部至不列颠哥伦比亚省之间的铁路线，用以连接渥太华谷（Ottawa Vally）及格鲁吉亚湾（Georgia Bay）两地的既有铁路，实现了不列颠哥伦比亚于 1871 年加入加拿大联邦。

加拿大太平洋铁路（Canadian Pacific Railway，CPR）是加拿大的一级铁路之一，其横跨西部温哥华至东部蒙特利尔（Montreal），并设有跨境路线，通往美国的明尼阿波利斯（Minneapolis）、芝加哥、纽约市等大城市。据统计，在整个漫长的铁路修建过程中，有 17,000 中国人参与其中。他们在劳动过程中饥寒交迫，恶劣的劳动环境、苛刻的待遇以及低下的医疗条件使得他们经历了鲜为人知的痛苦。华人劳工填补了加拿大劳动力短缺的空白，却只能拿到白人一半的工资待遇（华人劳工每天可挣得 1.35 加元，而白人每天可挣得 2 加元）。据加拿大历史文献记载，大约有 4,000 华人在修建 350 英里长的铁路过程中失去了生命，这意味着每修建 1 英里都有 12 名华人牺牲。

从修建太平洋铁路例子来看，华人劳工显然是不列颠哥伦比亚省经济发展史上不可或缺的历史角色。曾有一位审判长马修 • 贝吉比（Matthew

Begbie）这样描述，“我无法想象没有中国人的话我们的工程将是什么样子。他们什么活儿都干，白人不会干的，白人不能干的，他们都可以干得很好……”而这也正预示了华人遭到不公正待遇的不可避免性。

至 1885 年，太平洋铁路修建完成后，大批的华人劳工失业了。有的去了加拿大东部，有的回到了中国国内，也有的留在了不列颠哥伦比亚省。留下来的华人为了生存，帮人洗衣、运货、清洁、当饭馆服务员，几乎从事了城市里所有无人愿意做的最底层的工作，这种华人就业状态让当时的加拿大人形成一个共识：凡是遇到需要啃硬骨头的艰辛劳作，就去找中国人，也唯有中国人愿意承担、做得好，并且工资低廉。这些评价看似是对华人劳工的赞扬，实则反讽加拿大华人的低微地位，不能获得同工同酬的待遇。同年，加拿大联邦政府对每个入境加拿大华人收取“人头税”。华人是加拿大唯一被迫交纳人头税的少数族裔。加拿大华人被歧视的状况依然没有得到缓解。

1902 年，加拿大皇家委员会决定将针对华人的人头税增至 500 加元。由此开始直到第二次世界大战时期，华人在加拿大一直处于社会的边缘。1886 年至 1923 年间，约有 8.1 万名中国移民入境时被强行征收“人头税”，加拿大联邦政府从中共获 2,300 万加元。

1923 年，加拿大联邦政府通过了《排华法案》（*Chinese Exclusion Act*），规定只允许华人商人入境加拿大，其他性质的商人禁止入加，这一法案一直持续到 1947 年。这种昭然若揭的种族歧视，当时不只不受法律约束，反而得到官方的鼓励，成为加拿大种族歧视政策下，强烈地违反人道与藐视人权的“典范”。因此，在加拿大华人探求身份的过程中，他们对此表示强烈不满，把加拿大的自治纪念日称作“耻辱日”（Humiliation Day），拒绝举行任何庆祝加拿大国庆的活动。华商则不开门营业，华文报纸也停刊。基于这些原因，1921 年至 1941 年间，加拿大华人的数量从

39,587 人降至 34,627 人；华人身份探求遇到了人口数量上的重大挫折。

虽然经历各种歧视，但是加拿大华人一直处于抗争时期，致力于废除歧视华人的法案的努力中。一直寻求自身身份认同，寻求一份归属感。中国人被认为是乡愁较重的民族，因此，一旦离开自己的家乡和土地，都试图寻求一种亲切的归属感，这也是乡愁的一部分。于是，生活在异地的加拿大华人便自然而然地开始了身份探求，且这种探求不仅仅表现在物质世界，也包括精神世界。这种探求行动也逐步成了加拿大华人提升文化自信的驱动力。

到“二战”期间，500 名华人志愿军踊跃加入加拿大陆军，为加拿大军队提供充足的后备补给，受到了加拿大政府和民众的赞许。由于华人在这些重大事件中的积极表现，终于在 1947 年，加拿大移民的大门向中国敞开。特别是 1967 年对移民政策的修正，消除了加拿大主流社会对华人的歧视，并且敞开大门欢迎中国移民的加入，这掀开了中加文化交流史的新纪元。这一时期加拿大华人移民的数量急剧上涨，而且华人移民的质量有了明显提高，他们大多接受过教育，有一定的英语语言交流基础，并且能够很快地适应大城市的快节奏生活。截止到 2001 年，加拿大华人比 1996 年增长了 16%，比 1991 年增长了 45%。

1971 年，总理皮埃尔·特鲁多（Pierre Trudeau）宣布了多元文化政策的实施，进一步促进了加拿大华人的身份认同。多元文化政策承认各民族的专属文化，尊重不同文化背景下的公民，并最终形成了一个多民族和谐相处、共同发展的社会形态。多元文化政策的宣布实施反映了其少数民族政策的全面重新定向，华人和华人的文化也终于开始被加拿大主流文化所接受。至此，华人在加拿大的地位得到了认可，这成为加拿大华人历史上的一个新起点。

二、加拿大移民的人口结构

1858年抵达弗雷泽河谷开发金矿的华工，以及1881至1884年间到不列颠哥伦比亚省修筑太平洋铁路的劳工，使加拿大华人有了一定数量的积累。20世纪60年代以后，就有大批中国香港人移居加拿大，1960至1979年间移居加拿大的中国香港人约有11.5万人。

20世纪70年代开始，不少来自东部沿海地区的华人移民到加拿大。1987年，加拿大三大主要政党在会议上提出一项共同决议，正式承认对华人移民苛以人头税和禁止华人移民的法案是对华人的不公正和歧视。政策的放宽，在一定程度上刺激了赴加华人，使每年去加拿大的中国香港人由几千上升到几万以上，从1992至1995年每年都在3万人以上，占同期移民的绝大多数。

据有关专家分析推测，2017年加拿大华人数量将超过180万。据2014年1月22日人民网报道，中国与全球化智库（Center for China & Globalization，CCG）及中国社会科学院（Chinese Academy of Social Sciences，CASS）共同在北京发布的《国际人才蓝皮书》中指出，“目前，中国是加拿大最大的国际移民来源国，也是加拿大最大的国际留学生来源国。仅2012年一年，获得加拿大永久居民签证的华人就达33,018人，比2011年增加4,323人，涨幅为15.1%。”加拿大移民局公布的关于2012年加拿大永久移民十大来源国的具体数据如下表2.1所示。

表2.1　2012年加拿大永久移民十大来源国

序号	国家	移民加拿大人数（人）	所占比例（%）
1	中国	33，018	12.8
2	菲律宾	32，747	12.7
3	印度	28，943	11.2
4	巴基斯坦	9，931	3.9

（续表）

序号	国家	移民加拿大人数（人）	所占比例（%）
5	美国	9，414	3.7
6	法国	8，138	3.2
7	伊朗	6，463	2.5
8	英国	6，365	2.5
9	海地	5，599	2.2
10	韩国	5，308	2.1
汇总（排名前十的国家）		145，926	56.6
其他		111，961	43.4
总计		257，887	100

资料来源：加拿大移民局

基于加拿大移民局提供的2012年加拿大永久移民的相关数据，作者制作了柱形图和饼状图，便于读者分析和对比。

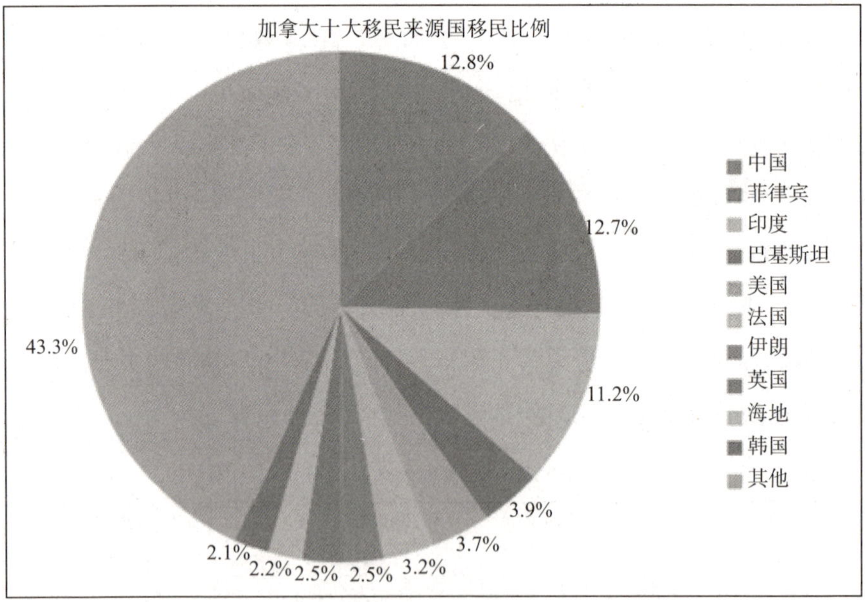

图 2.1　2012 年加拿大永久移民十大来源国

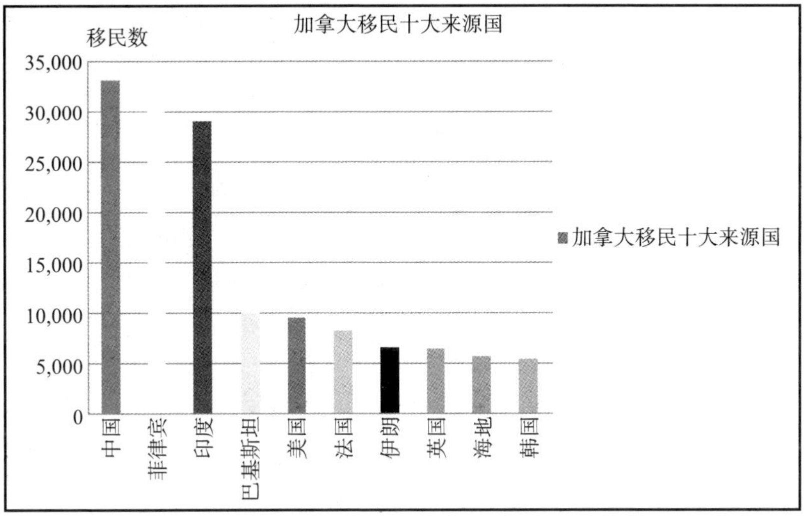

图 2.2　2012 年加拿大十大移民来源国比例示意图

从以上数据和图表可以看出，作为 2012 年加拿大十大移民来源国位居前三的中国、菲律宾和印度，其移民数量远超过排名其次的巴基斯坦等国家，是加拿大永久移民来源国的重要构成国家。

尽管中国长期以来一直是加拿大移民的重要来源国，但随着中国的经济发展及加拿大移民政策的变革，加拿大华人的身份认同及文化融入等问题日渐明显，中国每年移民加拿大的总人数呈下降趋势。加拿大移民部数据显示，中国移民自 2007 年以来，入籍总人数逐年下降，从 2007 年的 24,347 人降至 2011 年的 15,563 人，5 年内的减幅达 36%。

三、加拿大政府努力提升华人社会地位

随着中国的崛起，加拿大政府开始认识到，加拿大华人的文化融合对中加两国关系的长远发展具有十分关键的作用。在枫叶之国加拿大，华人是少数族裔中的重要组成部分，目前人数近 150 万（截至 2014 年）。汉

语已是除英语和法语以外的第三大语言。加拿大政府对于华人的重视程度逐步提高，加拿大历届总理都不同程度地承认华人为加拿大建设做出的贡献，并在取消对华人歧视的政策等方面作出了努力。

2003 年，“非典”疫情突如其来，加拿大成为亚洲地区以外“非典”疫情最严重的地区，加拿大华人首当其冲受到影响。疫情开始阶段，对华人冲击最大的并不只是在经济和物质方面，更是在精神方面。偏见和种族歧视现象不断。当地媒体出现丑化华人的报道，一些种族主义分子乘机大做文章，中餐馆生意变得冷淡，华人子女在学校受到歧视。本来就不容易找到工作的华人，在疫情袭来之后，就更难找工作了。因此，“非典”疫情使华人在物质和精神上都受到了巨大的压力。

针对这种情况，加拿大政府采取了及时有效的措施，制止种族歧视现象。当时的加拿大总理让·克雷蒂安（Jean Chretien）主动带领联邦政府官员访问多伦多唐人街，到中餐馆就餐，并与华人社团领袖一起商讨抗“非典”的对策。克雷蒂安总理在接见多伦多华人社团领导人时说：“华人是加拿大一个非常优秀的族裔，为加拿大的社会发展作出了巨大的贡献。”

多伦多所在安大略省的政府官员和议员也通过各种形式，支持华人社团。在政府官员的带领下，一些其他族裔的社团也纷纷加入到支持华人社团抗击“非典”的行列中。多伦多一家公关公司还发起了非华人居民到中餐馆就餐的活动，体现了多伦多各族裔在灾难面前同舟共济的精神风貌。就这样，加拿大华人社团在各级政府的支持下，自强自律、团结一致、众志成城的精神抗击疫情，最终获得自救，解除了疫情并赢得了加拿大其他族裔的尊重和赞扬。

2006 年 6 月，时任加拿大总理史蒂芬·哈珀（Stephen Harper）在当选后的首次公开露面时，对华人及华人社区对加拿大的贡献表示了高度的赞扬，称华人为建设加拿大而付出的努力是不可被抹杀的。“加拿大华人正在对我们国家的建设产生着重要影响。尽管过去他们遭遇许多障碍，但却为我们国家做出了重要的历史贡献。”

同时，哈珀代表加拿大政府就当年的人头税和排华法案等问题向华人群体正式道歉。他说：“代表加拿大政府，我们向加拿大华人就‘人头税’政策彻底道歉，并对随后发生的排华行为表达最深切的歉意。没有 19 世纪抵达加拿大的华工的工作，我们今天生活的加拿大不会是现在这个样子。”哈珀总理是第一位就“人头税”向加拿大华人群体道歉的总理。

2005 年，加拿大时任总理保罗 • 马丁（Paul Martin）曾公开表示加拿大政府过去的处事手法与今天加拿大的价值观格格不入，认为当年针对华人的“人头税”和排华法案是加拿大历史上灰暗的一页。他同时承认华人的贡献，并肯定了他父亲老马丁当年任职联邦内阁部长时为取消对华人歧视所做的努力。

同年 11 月 24 日，加拿大联邦多元文化国务部长陈卓愉与全加华人联会等十几个侨团代表就“人头税”解决问题签订原则性协议。据此协议，联邦政府从多元文化部首批拨款 250 万加元，用于支持华人社区“表彰、纪念和教育项目”，以确认加拿大华人对加拿大历史的贡献。

2009 年，加拿大总理哈珀在访问中国时曾表示，在十九世纪中叶，中国劳工在加拿大历史上最重要的国家建设——加拿大太平洋铁路建设中，是不可或缺的。“加拿大华人丰富了我们社会的各个方面，包括我们的民主和经济。例如，在多伦多，加拿大华人以及来自中国的留学生和研究人员帮助我们把国家最大的城市建设成了拥有世界影响力的大都市。现在的温哥华已经成了连接亚太与北美之间的贸易通道。事实上，通过孜孜不倦的工作热情、对家庭和社区的奉献精神以及对教育成就的承诺，加拿大华人正在帮助加拿大确保在 21 世纪的地位。”(Chinese-Canadians enrich all aspects of our society, our democracy and our economy. For example, in Toronto, Chinese-Canadians, along with a large body of students and researchers from China, have helped to make our largest city a centre whose impact is felt throughout the world. And Vancouver has now become not just Canada's, but North America' s gateway for Asia-Pacific trade – in significant part because of the enterprise of so many Chinese-Canadians. Indeed, through a solid work ethic, a dedication to family and community and a commitment to educational achievement, Chinese-Canadians are helping to secure Canada' s place in the 21st century.)

四、加拿大华人的身份认同

身份认同是以文化为背景舞台的，文化是人类活动的产物，是一种社会范畴，是指一个社会所具有的独特的信仰、习惯、制度、性格、思维方式的总模式，是一个社会的整个生活方式，一个民族的全部活动方式。文化传承了一个民族积淀中最厚重、最精华的部分。它包括信念、价值观念、习俗和知识等，其中价值观念是文化的核心。

价值观念是社会意识形态的组成部分，是人们行为的准则，思维的方式，认知的准绳，处事的哲学，在社会中起着评价标准和评价原则的作用，影响着人们的评价和行为。价值观一旦形成，便支配着人们的信念、态度、看法和行为，成为人们行动的指南。生活在加拿大白人社会的华人，由于文化价值观背景的不同，必然难以游刃有余地生活。华人移民进入加拿大以后，由于中西方文化的差异，多数华人还是认为自己难以融入主流社会，普遍有一种被排斥感，他们的社交圈也多涉及与中国人的交往，但文化所提供的身份认同的契机还需要一些外部因素支持的。

在 20 世纪 70 年代，加拿大华人人口剧增，其经济和政治地位也得到了相应的提升。加拿大华人对自己的族群意识有了清晰的理论表述，完成了对加拿大华人这一概念的构建。这一概念涵盖所有居住在加拿大的华人，其深层意义既包含了政治国际意义上的界定，同时也包含了这一族群文化传统里的根深蒂固的渊源。在身份认同的问题上，华人世界的年轻一代只有传承本民族的观念信仰和文化传统，才不至于丧失在海外生存的文化根源，而成为“环球公民”。

第三节　多元文化主义政策下的加拿大华人

加拿大的多元文化主义政策有利于保护少数族裔。在多元文化主义政策下，各个族裔都能得到较好的发展。加拿大政府也逐渐取消对华人移民的限制。如今，加拿大华人在政治、经济、社会上的地位大为提升。加拿大政府在国内推行多元文化主义政策，为华人创造了平等的生存和发展机遇，代代华人移民对加拿大的建设和发展所做的巨大贡献也得到承认。本节将叙述加拿大华人在加拿大多元文化主义政策下，与主流社会的融合中所取得的成就，以及他们在此过程中表现出来的新特征和新气象。

一、多元文化主义政策下华人的社会融合

迄今为止，已有相当一批华人成功融入加拿大主流社会，跨越了先前华人谋生和就业的传统领域，加拿大华人中的知名人士越来越多，除商界的巨富外，大学里还有华人教授。在经济和社会地位有了一定的保障之后，有的华人甚至开始从政，逐步在政府部门崭露头角。例如，1974 年，李侨栋成为加拿大国会议员，并担任不列颠哥伦比亚省自由党领袖；1993

年，陈卓愉当选为联邦议会议员，并被时任总理克雷蒂安政府任命为负责亚洲和太平洋事务的国务部长；1988年，加拿大著名商人林思齐被任命为不列颠哥伦比亚省的总督；1999年，加拿大华人伍冰芝女士被任命为加拿大总督，这是华人在加拿大历史上担任的最高职务。

加拿大政府在贯彻多元文化政策中，采取许多措施支持中国文化，如赞助汉语教学，自主出版中文杂志等。越来越多的大学承认中文可以列为第二外语。1997年加拿大首次发行中国农历年生肖纪念邮票；1998年，加拿大皇家造币厂首次发行中国农历虎生肖纪念币等。

总体来讲，加拿大的华人们已经度过了艰苦的时期，并开始得到了加拿大社会诸多方面的认可和肯定。目前，加拿大华人是英法裔以外的第三大民族，但是加拿大华人实际上尚未获得同白人一样的社会机遇。华人平均受教育水平低，在加拿大的平均收入不高。而且，就人数而言，华人的政治影响力还比较小；华人在加拿大社会文化中的全面发展仍然需要一个过程。

虽然部分移民已经拿到枫叶卡或者加入加拿大国籍，但他们依然觉得真正融入加拿大文化很难。同加拿大人进行语言交流、一起工作、相处都不成问题，但不能忽视的是，文化的认同感和个人在这个社会的归属感方面仍存在一定问题。对于当地加拿大白人讲的笑话、历史典故、名人轶事等，华人移民常常听不明白。久而久之，下班后或假期间，许多中国人还是倾向于选择和中国同胞一起共度时光。这部分在加拿大的华人，大多受过良好的教育；在加拿大的每个角落，他们都艰苦奋斗、执着拼搏，他们希望在加拿大找到家的感觉并得到社会对其价值成就的认同。

人们看到了加拿大在民族政策方面不同于他国，加拿大人在多元文化主义政策下过着相对平等的生活，因为这一政策在更大程度上保护了少数民族的文化、语言和风俗习惯，保障了他们的工作权利。这是加拿大民族政策的重要转折点。可以说，加拿大社会这种“分而不乱”的特殊功能是非常值得肯定的。在人类社会的发展进程中，有多少国家因为地方利益、宗教信仰和民族利益的冲突而陷入战乱，造成流血牺牲；即使在全球一体化的今天，又有多少地区和国家的人民仍然遭受着宗教迫害和种族歧视。加拿大政治和社会体制所具有的应变性，加拿大人及其文化所表现出的兼容性，都是值得世界各国认真研究和学习的。

二、多元文化主义政策下加拿大华人的新特征

第二次世界大战以来，华人社区和加拿大社会的观念和做法同时发生了巨大变化。年轻的加拿大华人一代和新的加拿大华人移民开始成功地融入到加拿大主流文化，并参与很多的社会活动。华人们在他们自己的领域内做出了杰出的贡献和成就，一些华人还参与到当地的政治领域中并取得成功。加拿大本土社会也开始以其民族的多样性引以为豪，不再视加拿大华人为异族；加拿大当局也主动承认华人以及华人社区在加拿大的建设中所起到的重要作用。

现阶段，随着加拿大华人移民与主流社会的逐渐融合，加拿大华人社会发生了前所未有的变化，同时也对加拿大有着不可忽视的影响。华人社会为加拿大多元文化源源不断地注入新鲜血液，在加拿大华人社会历史上谱写出新的篇章。新世纪以来，在加拿大多元文化政策的进一步深化进程中，华人社会也表现出许多新特征和新气象，主要表现为以下几点：

1. 人口结构更加合理

20 世纪 70 年代以后，新移民成为加拿大华人社会的主体，他们的加入使加拿大华人社会的结构发生了明显变化。近年来，华人社会结构有两

大较为明显的趋势，一是年龄结构的年轻化，二是男女比例趋于平衡。一方面，年轻一代是比较灵活的，适应能力强，受教育程度相对较高，容易接受西方文化，在文化适应和融合方面的能力比较占优势。另一方面，女性华人新移民的增加，为原本无法找到配偶、过单身生活的男性华人解决个人问题提供条件，也使一些长期分居的家庭得以团聚。已婚的华人家庭日益增加，分居或妻子不在加拿大的家庭越来越少，这种情况有利于华人社会的稳定。

2. 经济实力日益壮大

商业移民数量迅速上升，众多华人企业家移民和投资移民携带雄厚的资金进入加拿大，其中港台移民更是为加拿大带来了巨额投资。他们不仅经营传统产业，还涉足房地产业、金融业、现代工业和电子信息业等产业，其所经营的行业种类和企业数量倍增。华人经济已从过去以餐馆、洗衣、杂货为主的三大行业，发展到经营范围几乎遍及加拿大社会的各个行业和领域，总体实力大幅度提升，逐渐发展成为加拿大经济中一支不可忽视的力量。华人经济实力的增强，改变了加拿大社会对华人的印象和态度，有利于华人社会地位的提高。

3. 中国城风貌焕然一新

列治文（Richmond）是加拿大哥伦比亚省太平洋沿岸的城市，也是加拿大温哥华地区最大的中国城。当地华人数量现已超过 20 万（截至 2013 年），其中大部分是 20 世纪 90 年代来到加拿大的中国香港、中国台湾和中国大陆移民。自 1995 年以来，中国香港移民群居在列治文，那里的风水习惯和中国香港一脉相承。因此，越来越多的华人选择到列治文定居，这里已经成为大温哥华地区最大的华人聚居区，随处可见华人的身影和中文标志，列治文市中心的街道两旁汉字招牌比比皆是，不管是政府、学校，还是银行、商店，都有普通话和粤语服务，这些建筑和场景让人感觉犹如置身在中国国内的某个地方。该市最繁华的大街 3 号路有“新唐人街”之称，已经成为展示中华民族传统文化的中心。在这里，商店出售的中国工艺品、中药、古董，餐馆供应的中国菜和林立的中式建筑物都具有浓郁的中华特色和中华风情。

4. 华人组织朝气蓬勃

华人新移民到达加拿大后，根据自身需要和特点组建了许多社团组织，或以社会阶层、职业类别为基础；或以鼓励和支持参政为目标；多是文娱、体育和慈善团体。例如，成立于 1989 年的列治文华人社区协会，是一个以列治文加拿大华人居民为主的非盈利性组织。该协会在华人社区宣扬社区服务精神，鼓励会员参与不同社区活动及其他社区团体的各种志愿工作；为华人提供不同服务和课程，包括健身舞班、太极班、瑜伽班、国画班、书法班等，还提供国语、粤语和英语的课程。随着华人新移民大批涌入加拿大，一些关乎整个华人社会利益的事务倍受关注。众多华人组织打破了地域、血缘、文化以及政治背景的隔阂，在增进华人社会凝聚力、维护华人合法权益、促进中国与加拿大的交流合作以及推动中国统一和发展等方面发挥着重要作用。

第三章

加拿大华人与主流社会的融合

自 20 世纪 60 年代起，加拿大华人不仅在数量上有了迅速增长，在质量上也有了很大提高，生活方式也发生了较大改变。最初的华人移民大多没有文化，更不会说英语或者法语，只能从事繁重的体力劳动和没有多少语言交流的简单服务性工作。但后来的华人移民们的文化程度普遍有了很大提高，他们懂得英语或者法语，在就业选择上比前辈们有了更多、更好的机会。

到了 90 年代前后，加拿大华人移民的自身条件和综合实力变得更加优越和强大。尤其是来自中国香港和中国台湾地区的华人移民们，他们接受的是西式教育，拥有大学本科甚至更高的学历，有些人在移民前就已经是中高层技术人员或者管理人员，有些还有充足的创业资金。在加拿大的中国香港移民中，企业家、投资人和工商管理人员所占的比重最大，这些人来到加拿大以后，往往倾向于买最好的房子，开最豪华的车。渐渐地，华人在加拿大的形象和地位发生了根本性的改变，他们凭借着自己多年的努力终于慢慢地融入加拿大主流社会中。

然而，华人移民在与加拿大主流社会的融合过程中，还是存在着各方面的难题。移民是人类社会发展的形式，移民想要融入当地社会，就要对自身资本进行适当的转换和利用，也就是说，移民们在自身对社会做出贡献的同时追求自身的发展，从而实现自身价值。新一代移民们正在通过坚持不懈的努力，想方设法地采用适合个人的策略，以坚韧不拔的毅力克服各种障碍，实现个人的成功。

本章聚焦加拿大华人与加拿大主流社会的融合，对加拿大华人的融合过程以及现状进行探索和分析。首先从不同的角度对移民融入进行了界定，提出移民的融合是移民们对社会经济发展做出贡献从而实现自身价值的过程。移民融合的实现，需要加拿大主流社会和华人移民本身两方面的共同努力。同时也提出，华人移民成功地融入加拿大主流社会，有赖于移民对各种不同资本的重新投入和转换。该章节也涉及到移民语言教育中所呈现出的特殊话题。移民融合实际上就是资本使用和转换的过程，华人移民的语言资本和与语言相关的文化资本，在移民融入社会的过程中会遭到相应的贬值。华人移民需要对自己原有的资本做出相应的调整来充分融入新的环境，从而适应市场变化的需要。

多年以来，加拿大学方面的研究学者针对有关移民的社会融合及华人移民融入加拿大社会与文化的问题，在加拿大进行了深度的访谈和跟踪调查，并出版和发表了有关这方面的专著和学术论文。加拿大是一个移民国家，是一个拥有多元文化的社会，由于大量华人移民的涌入，加拿大拥有了巨大的人力资本，而如何有效地利用这些宝贵的资源，则取决于华人移民是否能够顺利地融入到主流社会的经济、文化和社会生活中。遗憾的是，尽管近几十年来加拿大新移民的素质呈现整体上升的趋势，但是这些新移民在加拿大的职场中却还是困难重重，甚至比老移民面对的形势更为严峻。

根据现有的研究发现，加拿大新华人移民的就业率低下，并且自 20 世纪 70 年代以来，移民的工资低，总体收入呈下降趋势。加拿大 2001 年人口普查的统计资料表明，20 世纪 90 年代进入加拿大的华人移民就业率明显低于早期移民的就业率，也低于加拿大本土具有同等教育背景的人。另外，资料还显示，90 年代进入加拿大的华人移民虽然努力奋斗了十多年，但其就业水平和工资待遇仍比不上加拿大本土具有同等教育水平的人。

加拿大是以知识型经济为基础的国家，教育程度和专业技术水平本应该是衡量就业率和决定收入水平的标准，但是从 2003 年的统计资料来看，受过高等教育的新移民，即便他们具备很强的语言能力——包括官方的英语和法语，也不足以缩小他们与加拿大本土同行之间的差距。纵观众多关于融入主流社会的研究，华人移民融入加拿大主流社会的障碍可以归结为以下三点：第一，加拿大本土企业不承认或者贬低中国国内的学历；第二，华人移民们缺乏加拿大的工作经验；第三，华人移民们的官方语言能力不足。还有学者发现，种族歧视也阻碍了移民的社会融入。

第一节　社会融合与社会融入概述

社会融合理论源自西方国家，社会融合一词起源于迪尔凯姆（Durkheim）的社会团结理论以及帕森斯（Parsons）、洛克伍德（Lockwood）、哈贝马斯（Habermas）和吉登斯（Giddens）的社会整合理论。2003 年，欧盟在关于社会融合的联合报告中对社会融合这一概念作出如下定义：社会融合是这样的一个过程，它确保具有风险和社会排斥的群体能够获得必要的机会和资源，通过这些机会和资源，他们能够全面地参与经济、社会、文化和享受正常的生活，并在他们居住的社会中享受正常的、同等的社会福利，并于社会融合过程结束后形成的融合社会。阿马特亚·森（Amartya Sen）则认为，融合社会是指这样一个社会：社会成员积极而充满意义地参与，享受平等，共享社会经验并且能够获得基本的社会福利。融合社会所具有的基本特征是，广泛共享的社会经验和积极参与，人人享有广泛的平等，全体公民都享有基本的社会福利。

一、社会融合

在众多有关社会融合的流派中，融合论、多元文化论和区域融合论的影响较大，这些理论都可以用来解释移民在西方社会的经济成就、适应性行为、文化融合和身份认同的过程和结果。

1. 融合论

融合论是社会学领域的范畴，最早可追溯到20世纪初美国芝加哥大学的社会学派。Park（1928）将融合定义为个体或群体互相渗透、互相融合的过程。在这一过程中，通过共享的历史和经验，融合双方获得对方的记忆、情感、态度，最终整合于一个共同的文化生活之中。他将融合的过程和内容分为四种主要的互动：经济竞争、政治冲突、社会调节和文化融合。融合论随着时间的推移不断地发展，但是自20世纪60年代以来，在欧美关于新移民及其在移入地土生土长的后代的研究中，融合理论遭到抨击，美国作为文化“大熔炉”的理念也受到挑战。持异议者认为融合理论忽视了种族差异和移民的社会经济背景。按照融合理论观点，随着在移入地居住时间的延长、语言的适应、经济的整合和文化的认同等，移民们最后终将融入到主流社会中，但事实却并非如此。融合是自己的传统逐渐弱化的过程，该过程是长期的、累积的，既包括个体自觉的行为，也包括自发的日常生活习惯的决定，融合过程是由不同层面的多种因素共同作用的产物。因此，融合是指界限的跨越、界限的模糊，以及最终界限的重构，这里的界限是指不同国家或不同人种之间的鸿沟。

2. 多元文化论

融合论认为移民最终将放弃自己的传统文化而适应主流社会，但是多元文化论是指一个拥有着多民族、多文化、多语言的社会。多元文化论起源于20世纪中期的美国，并逐渐在美国、加拿大、澳大利亚等英语移民国家及其后裔构成主体民族的国家广泛传播。这些国家为了实现保持种族纯洁和文化同质的理想，一方面长期实施同化政策，否定和排斥民族文化多样性；另一方面，推行限制性移民政策，严格限制有色人种的移民。多元文化论最初是一种政治主张，目的是为了对抗长期以来占据统治地位的、以白人为中心的、具有明显种族歧视的同化论。而当其应用到国际移民领域中时，强调的是，当移入地文化具有更大的包容性时，新移民倾向于维持原有的文化价值，同时也会在新的移入地重塑身份认同、价值观念进而形成多元化社会。二战后，出于国际大环境的压力和国家发展的需要，美国、加拿大、澳大利亚等国家开始接纳大量的欧洲移民以及其他族裔的人口，使其人口的民族结构日益多样化，民族和文化多样性都得到了空前的发展，这也为多元文化主义的产生奠定了基础。

由多元文化论发展而来的多元文化主义认为，移民的融入过程并非只会得到一个固定的结果，而是会呈现出一种多样化、差异化的特征。少数移民的族群在适应新的社会文化环境的过程中，其原有的族群文化特征并不会消失，相反，这些移民会在流入地重建自己的文化传统、生活习俗和关系网络。所以，想要促使移民在流入地尽快融入，提升其社会认同感，就必须尊重并保护不同族群文化的差异性与多样性，尊重少数族群特有的文化传统和习俗。

3. 区域融合论

区域融合论是在传统融合理论基础上的发展，用来解释早期融合理论所无法解释的现象。该理论认为，移民的人文资本及他们对于在移入地最早遭遇的态度与融合模式之间存在着互动，移入国的社会成员所表现出来的敌意、漠不关心或者诚心接纳的态度对融合的过程及结果产生着至关重要的作用。相关的研究表明，由于移民的目的、生活经历不同，他们的子女在移入国的文化融合、适应性行为、身份认同的路径和机制都与父辈有着很大差别，所以他们的社会融合问题难以完全从父辈的融合经验中找到答案。通过对移民二代的研究发现，移民子女在融入移入国时会出现区域融合论所描述的情况。移民二代们只能在某些方面融合到主流社会中，这种情况更加复杂。区域融合理论认为，当代移民群体间将会产生不同的融合结果，主要表现为三种不同的模式：其一，融合于主流社会。某些移民群体拥有较高的资本，受到当地文化的青睐，因而能较快地融入到主流社会经济和文化中，并为他们的下一代提供更好的教育机会，从而加速第二代的融合过程。其二，融合于城市贫困文化。一些群体拥有的资源较少，难以找到稳定的工作为下一代提供良好的教育机会，因此，第二代的融合也受到了限制。其三，选择性融合。一些移民父辈有意识地限制第二代对移民国家的文化认同，鼓励他们坚守自己民族的传统文化观念和价值观。需要指出的是，选择性地保持自己的传统文化观念和价值观并不意味着不愿意融合到当地主流社会。

以上三种理论虽然源于不同的历史背景，但却从不同的角度解释了不同时代移民的融合现状、过程及结果。融合论是比较早期的介绍有关移民在移入国适应过程的理论研究，对以后的理论发展和实证研究起到较为有利的指导作用。区域融合论适应了新的社会背景，强调个体人文和社会资本与宏观场景的互动，提出更多的融合路径和模式，是对传统融合理论的补充和发展。需要指出的是，传统融合理论的途径、过程和机制是从移民的动机和目的来考察，强调文化间的相互交融与渗透，并没有涉及文化的优劣。但是该理论后来被白人当做一种工具，在以白人为中心的种族优越论的指导下，对少数民族实行同化政策，进行种族歧视、排斥、拒绝和否认。

社会融合的概念可以引申到社会融入。社会融入是指在特定社会中的个人与群体，通过结构调整与主体的自我适应，能够享有就业、政策决策、民主选举、社会服务、城市文化生活等基本的经济、政治权利与广泛的社会权利，在平等参与的过程中逐步融入主流社会。社会融入意味着个体或群体无论在工作、教育还是在更广泛的社会层面都积极地促进参与机会，通过缩小差距，降低最弱势群体与主流社会群体之间的不平等，并确保各方面的支持能够传递到最需要的群体。融入主体是指处于弱势或边缘状态、经历着社会排斥的个人与群体，融入的基本条件是享有平等的社会资源、社会服务与社会权利，充分发展社会资本。融入过程既强调社会结构的调整，也重视主体的自我适应。社会融合最终的目标是为了实现个人或群体能够平等地参与经济财富的创造、分享社会文明，改善弱势群体的社会生活，从而实现经济与社会的持续和健康的发展，促进社会公平、保障社会和谐。

简言之，融合是双向的，表示移入国文化和移出国文化融汇到一起，互相渗透，进而形成一种新的文化体系。而融入是单向的，是指移民在经济、行为、文化和观念上都融入了移入国的主流社会体系和价值观中。融合是不同文化之间接触的最终目标，而融入则是融合的第一步。融入存在着一种不平等的文化和行为主从关系：以移入国文化为主，移出国自身传统为辅；移入国的文化占优势，移民文化居劣势。而融合反映的是一种平等的关系，移入国的社会经济特征、文化价值观、社会政策和经济制度等使得移民要面对一系列的挑战和适应过程，而这一适应过程就是融合的过程。融合是具有多维度和多重意义的，包括经济整合、文化接纳、适应性行为和身份认同，它们之间既存在一定的递进关系，也相互交融、相互依存。

二、社会融入

社会融入早已被国内外学术界所关注，但是迄今为止，学术界对其尚未形成统一的认识。移民的社会融入是西方移民研究的重要内容，该理论的研究对象主要是移民人口和外来人口，可以说是从人口社会学中的人口流动方面来界定的。西方关于移民的社会融入研究主要试图从不同的层面和角度来概括和描述移民进入到新的国度之后的融入状态与融入过程。国外的研究主要集中在移民的社会适应性问题。Goldscheider（1983）认为移民社会适应环境的程度与移民的能动性有着紧密的联系。也有学者认为社会融入是移民研究中的一个重要概念，是移民与当地居民之间的相互交往、相互渗透、相互适应，并最终形成一种彼此认可的文化生活的过程。从社会学角度来看，社会融入是处于弱势地位的主体能动地与特定社区中的个体与群体进行反思性、持续性互动的社会行动过程。关于移民融入流入地社会的维度，恩泽格尔（Entzinger）等人认为，应分为四个维度上的融入，即社会经济性融入、政治性融入、文化性融入、主体社会对移民的接纳或拒斥等。

1. 社会经济性融入

社会经济性融入主要是指移民在经济就业、收入水平、职业流动、社会福利与社会保障、社会性活动与社会组织参与等方面的融入状况。我们认为，移民如果与当地人获得相对公平的就业机会、职业成就、收入水平、社会保障、住房条件和再教育机会，则表明他们已经在经济上成功地整合到了主流社会；如果他们仅仅在某些方面获得了与当地人类似的待遇，则表明其社会经济性融入不完全；如果他们在大部分的指标上都与当地人存在较大差距，则表明他们没有融入移民国家的主流社会中。在上述的衡量指标中，就业机会决定了移民是否能够享受近似公平的就业渠道、拥有类似的就业水平以及就业保障。职位较低、就业层次低、缺乏职业稳定性、升迁机会的不公平等都是社会经济不融合的表现。教育、培训及工作经历是移民积累人力资本的重要方式，对其生存能力、生活和发展都具有显著的影响，为其在劳动力竞争市场创造条件，并为其最终融入主流社会创造可能性。就业和收入问题是移民社会经济性融入的首要问题，也是主要的指标之一。只有移民具有一定的经济实力，获得一定经济地位，才有可能与当地居民进行深层次的交往，也才能更好地为当地人所接受，从而促进其他方面的融入。

2. 文化性融入

文化性融入即移民对接收国的语言、文化、风土人情、社会理念的了解和认可程度，它的衡量指标包括文化了解、语言能力、语言实践、各种价值观念等。一般来说，移民在出国前就已经形成了人生价值观和文化价值观，而且已经根深蒂固，难以调适。进入移入国后，他们将面临艰难的再社会化过程，来接纳当地的社会文化。移民者的年龄越大，文化适应过程所需的时间就越长。在文化性融入过程中，移民一般首先遇到的就是语言问题，他们的语言识别能力和交流能力反映了移民与当地人沟通的能力。如果他们不会讲当地的语言，则表明他们缺乏基本的与当地人沟通的能力，也会影响他们对当地文化习俗的进一步深入了解。如果移民拥有良好的语言能力，但在家里使用母语进行交流，则在一定程度上表明他们不愿意融入到当地的主流文化中去。对移民接收国的语言文化、风俗习惯、社会理念有一定的了解无疑非常有助于移民更快地融入，但是移民可以在接纳和认可当地文化习俗的同时，也保持自己民族的文化特色。同样，文化认同也会促进移民的身份认同。

3. 政治性融入

政治性融入主要涉及移民群体的合法政治身份的获得，主要包括合法公民权、移民的政治参与和对市民社会的参与。在关于欧盟移民政策的研究中，有学者指出，政府在考虑移民政治融入的时候必须充分关注他们想要取得合法政治地位的愿望，给予移民子女同等的受教育权利。当然，这种政治性融入还要强调移民对相关社会义务的承担。

恩泽格尔（Entzinger）提出了关于移民融入的思维模型，其主要贡献与创新点体现在：他意识到移民的融入不仅仅是移民个体或群体自身对于移入地社会的同化与适应，同时也包含着移入地社会自身在面对移民群体时所发生的变化，而这种变化的重要指标就是主体社会的态度，即主体社会对于移民群体是持接纳还是排斥的态度。也就是说，移民的融入过程是两个相关调适过程的集合，一方面是移民群体对于流入地社会的融入，另一方面是流入地社会群体对于移民群体的再融入过程。面对移民群体的涌入，主体社会成员如果不能以正确理性的方式和态度来看待和接纳他们，不能够及时有效地进行自我心理调适，就会形成对于移民群体巨大的社会排斥和心理排斥，甚至加剧两类群体之间的隔离进而引发矛盾冲突。

综上所述，移民融入的四维度模型从经济、社会、政治、文化等方面阐明了移民融入所包含的所有重要内容，也构成了学术界考察移民融入问题的思维框架，为该领域的研究提供了指导和方向。

三、加拿大的社会融合政策

加拿大开放的移民政策为来自不同国家的移民提供了保留其文化差异和促进民族融合的社会条件，但是这也经历了漫长的历史时期才得以形成。加拿大联邦建立时，英、法裔居民占其总人口的91.6%。直到第二次世界大战以前，来自英、法或欧洲其他国家的移民及其后裔构成了其人口的绝大多数。战后多种因素促使加拿大对国外移民及其后裔保持了宽容的态度，特别是加拿大于1944年签署了《联合国宪章》，1948年签署了《世界人权宣言》，1960年通过了《权利法案》，在各个联邦和省都建立了人权委员会，从法律制度上保证了少数族裔群体的权利。由于欧洲已经不能向加拿大提供稳定数量的移民，加之国内外人权运动的压力和对专业技术人员的需求，加拿大政府修改了移民政策，陆续放宽对来自欧洲移民的限制。

1971年皮埃尔·埃利奥特·特鲁多（Pierre Elliot Trudeau）总理宣布实行双语和多元化政策时，加拿大只有5%的人不是白人。从20世纪70年代开始，来自亚、非、拉等发展中国家的移民增加，加拿大进一步成为多种族社会。到20世纪90年代初，非欧裔、非白人种族的人口达到加拿大总人口的10%。多元文化主义意味着多种文化的平等共存，不存在其中一种文化居于统治或主导地位。按照《加拿大百科全书》的解释，"多元文化"在加拿大至少有三种含义：第一种含义是指它是一个具有种族或文化异质特征的社会；第二种含义在于族裔或文化群体之间相互平等、尊重的观念；第三种含义源于1971年以来加拿大联邦及各省推行的政府政策。1971年10月8日，特鲁多（Trudeau）总理在众议院宣布了一项新的国家政策——多元文化主义，赢得了当时三个主要政党的支持。特鲁多总理明确指出，基于对民族多样化及其重要性的认识，加拿大联邦政府必须具有统一的民族文化政策。特鲁多总理提出了官方双语原则，指出多元文化政策是为了确保"双语框架中的多元文化"，因为学习和掌握至少一门国家经济、政治活动所赖以进行的语言形式，无论是英语还是法语，对每个加拿大人都很重要。

按照特鲁多总理的讲话精神，多元文化政策是建立在个人自由选择和国家统一基础之上的。多元文化政策有助于人们确认自己的认同，形成全社会公平生存和竞争的基础，消除任何危害自由选择和社会统一的因素。为了执行双语框架中的多元文化政策，特鲁多总理提出四点具体方针，以保证政府本身成为保障加拿大人文化自由的最强有力后盾：第一，政府将尽可能帮助所有不同规模和能力的文化群体发挥作用，实现其对加拿大的贡献；第二，帮助所有文化群体的成员克服充分参与加拿大社会的文化障碍；第三，促进所有文化群体间富有创造性的接触和交流，以利于国家的统一；第四，帮助移民掌握至少一种官方语言，使其充分参与加拿大社会。

加拿大于 1988 年正式通过了《加拿大多元文化法》，进一步明确了加拿大政府的多元文化主义政策："承认所有加拿大人作为加拿大社会的充分和平等的参与者。"《加拿大多元文化法》是在 1971 年官方正式倡导多元文化主义 17 年之后颁布的一个专门法，对推行和维护多元文化主义政策提供了重要依据。它的法律基础是 1982 年的《宪法》、1976 年的《公民法》、1977 年的《加拿大人权法》、1982 年的《加拿大权利和自由宪章》和 1988 年的《官方语言法》。该法律系统地阐明了多元文化主义的主要思想、内容和具体实施方法。该法第一次以联邦法律的形式肯定了加拿大的多种文化社区及其对加拿大社会的贡献，提出了政府有责任提高对这些社区作贡献的公众意识，促进它们的发展和全面参与。

加拿大认为本国是世界上第一个也是唯一一个由政府官方提倡多元文化政策的国家。多元文化政策本身包含着国家所希望实现的目标：保障基本人权，增加公民参与，发展加拿大认同，加强民族团结，鼓励文化差别和消除种族歧视。任何一个社会的文化多元都只是在社会完整性和同一性基础上的多元，国家充分地尊重和保护少数族裔文化，目的在于使人们认识到多元文化作为加拿大社会内在特征的重要性，认识到族裔文化的发展必须以不破坏国家的统一为前提和限度。多元文化主义实质上是民族同化进程中的过渡形式，在共同生活中，移民和少数族裔群体必然要被主流社会不同程度地同化，但同化应当在尊重族裔群体的平等和尊严的基础上实现，而多元文化主义则提供了一种逐步实现同化的宽松条件。

第二节　社会融入的语言资本

人们的生活离不开语言。对于移民而言，掌握当地语言是他们在异国他乡生存发展的基础，也是他们与主流社会融合的重中之重。只有掌握当地语言，才能够真正把自己的意识通过语言传达给对方，得到对方的理解和支持；才能够深入了解政策，依法保障自身的权益；才能够规范自己的行为，向人们介绍自己民族的特性，得到当地社会更多的认可，共同谋求发展的支撑点，从而相互支持和谐发展。

语言能力是劳动力的重要构成元素，作为人类最重要的交际工具，语言能力与劳动力能力成正比，没有语言能力的人或者语言不通的人具有相对较低的劳动力能力水平。语言能力强的人能力较高，因而其经济水平总体上比较高。19 世纪末，英国经济学家阿尔弗雷德·马歇尔（Alfred Marshall）在《经济学原理》一书中表明，在所有投资中，最有价值的是对人本身的投资。布莱克（Blake）在 1906 年发表的《性质与收入》一文中首次提出了人力资本的概念，并将其引入经济分析的理论框架。他的研究表明，人的知识和技能是资本的一种特殊形式，而且这种资本形式在经济发展中起着决定性的作用。人们通过教育获得的有用技能和知识是一种资本形态，这种资本形态被视为经济长期增长的决定性因素。在此基础上，他还创立了专业化的人力资本积累增长模式，人力资本就是个人所拥有的能促进个人创造、社会和经济发展的知识、技能和能力。如今，从个人对外语学习的决策问题到一个国家相关政策的制定，都与经济因素息息相关。语言在社会经济发展中的作用越来越引起学者们的广泛关注，语言经济学已经作为一门边缘交叉学科迅速兴起。

语言经济学的历史可以追溯到20世纪60年代中期，其开创者是美国加州大学的经济学教授雅各布•马沙克（Jacob Marschok）。他在1965年进行“信息经济学”研究时揭示了语言的经济学本质。他提出语言有四个经济学性质：价值、效用、成本和效益。提到这一概念，我们就不得不谈人力资本理论和教育经济学。

一、语言的资本性

语言作为一种人力资本，具有资本性。舒尔茨（Schultz）曾指出，人力（包括技能和知识）是社会进步的决定性因素。但是人力的取得也要付出一定的代价，需要消耗一定的稀缺资源，也就是说需要消耗资本投资。这样说来，人力的形成即是投资的结果，只有通过一定方式的投资，掌握了知识和技能的人力资源才是最重要的资源。因此，体现在人力身上的技能和生产知识的存量是资本的一种形态，即人力资本。根据舒尔茨（Schultz）的论述，人力资本包括以下含义：一是它表现为人的素质，例如人的健康、体力、知识、技能、经验和其他精神等；二是从经济发展的角度看，人力资本是稀缺的；三是人力资本是通过投资于教育、健康等而形成的资本，这种投资是生产性的；四是人力资本像一切资本一样应当获得相应的回报。

在一定意义上，语言，无论是母语还是其他语言，都可以被看作是一种人力资本，因为语言属于知识和技能的范畴，学习一种或多种语言的费用以及时间是对人力资本特殊形式的投资。语言是人力资本的一种表现形式，它满足人力资本定义的三个标准：首先，语言要花费成本才能获得。语言投资是多方面的，不仅包括购买性投入，还包括为提高语言技能所花费的时间成本。其次，语言也具有生产性。虽然获取语言技能需要花费成本，但是一旦形成投资，人们就有可能得到较高的收入或者更好的职位。所以无论是在消费者身上，还是在企业身上，语言都体现了其生产性。再次，语言是依附于人体的，人的语言能力不能脱离其身体。因此，人们可以对他们进行投资，并可以用以消费和生产活动。最后，语言属于稀缺资源，多学习或者掌握一门语言意味着将拥有更多的人力资本。语言人力资本在深层次上对人们的劳动收入也会产生重要的影响。

1935 年，美国经济学家沃尔什（Walsh）在《人力资本观》一文中，采用"成本—收益"的分析方法，把个人教育经费和以后的收入相比较以计算教育的经济收益，开创了"人力资本"理论的先河。舒尔茨（Schultz）在 1960 年出任美国经济学会会长时，发表了《人力资本投资：一个经济的观点》的著名演说，正式提出了"人力资本"的概念，为推动这一领域的研究做出了重大贡献。人力资本理论的日趋成熟为教育经济学奠定了理论基础。1962 年，舒尔茨（Schultz）出版了《教育经济价值》一书，阐述了人力投资的成本及教育经济效益的核算问题。人力资本的核心是教育投资，而语言学习也是教育投资的一部分，既然语言学习是一种人力资本投资，必然要有其成本和收益，该观点为雅各布•马沙克（Jacob Marshak）教授关于语言具有价值、效用、费用和收益等经济特性的观点提供了有力的理论支撑。

从人力资源理论的角度来看，用于劳动力国内流动和国际移民入境时的费用等都应视为人力资本的构成成分，当一个国家或地区不同移民的数量达到一定程度时，不仅产生了语言交流上的问题，语言学习这种人力资本投资对人们的经济活动，特别是移民的劳动收入的作用也凸显出来。从20世纪60年代起，以加拿大为代表的北美移民国家的学者就从经济学角度对双语教育、语言与收入以及语言政策等方面进行了研究。加拿大学者布莱克(Blake)站在民族主义的角度从经济学对双语和多语现象的影响进行了研究。这一时期的研究主要以社会语言学中语言的个性和身份认同为依据，把语言看成是一种民族归属，特别是加拿大《官方语言法》的实施和其修正案的出台，使得语言经济学研究成为加拿大学术研究的一个热潮。

20世纪70年代之后，学术界开始把目光放在语言交际功能和语言人力资本属性上，认为主动获取语言技能可以被看作是经济优势的一种来源。20世纪80年代以后，人们围绕“语言的认同和交际功能共同决定劳动力收入”这一主题展开了研究。1995年5月在加拿大渥太华（Ottawa）举行的主题为“官方语言与经济：加拿大的新视角”的国际研讨会上，学者们集中讨论了双语的商业性、语言培训与商业化及加拿大的语言政策问题，极大地推动了语言经济学的发展。

二、双语竞争力与语言资本投资

在全球化时代，双语能力具有很强的优势作用和竞争力，可以使移民在担任不同经济地区的工作和增加国际贸易和旅游的机会方面更具有竞争优势。从企业和国家的角度来看，对于参与外贸的开放经济实体或经济社会，语言对于促进贸易竞争力的作用不可忽视，尤其是在加拿大，双语能力可以增加加拿大公民和企业的国际竞争力。因此，加拿大等国家和地区一直有计划地实施双语政策或多语政策，以促使当地更多的贸易往来以及旅游和某种特定形式的投资，双语人才在劳动力市场上的优势尤为明显。研究表明，双语或多语在就业问题上具有优势，双语者比单语者更容易就业，调动工作也相对容易。

双语竞争力是语言发挥其人力资本作用的一种表现形式。作为一种人力资本的投资，学习外语技能既能带来短期效益，又能带来长期效益。人们在对语言人力资本进行投资时的决策与语言学习的回报率密切相关。加拿大魁北克英裔公民和法裔公民之间的收入差距在渐渐缩小，而双语者中，法裔公民比英裔公民有更高的收益回报。照此推理，人们一般会选择回报率高的语言去学习。对于加拿大华人来说，学习英语的回报率高是显而易见的，但是仍有很多老年华人移民放弃英语的学习，主要是因为学习英语的成本对于他们来说太高了。从人力资本角度来看，人们学习另一门语言的动机就是经济动力，其目的是对知识结构和技能的一种投资，最终能够带来经济收益，而非通过学习语言改善与他人的交往，也不是为了理解另一个民族的文化和历史。当然，语言学习可以改善人际间交往，能够了解或掌握异族的文化和历史，但这只是语言人力资本投资带来经济利益中的附属品。

早期来加拿大的大部分华人从事的都是体力劳动，例如修铁路和采矿工作。他们文化程度偏低，不会说英语，对于加拿大的风俗文化一无所知。他们甚至在居住地上都很少有选择的自由，因此只能被迫成群居住，与白人社会完全隔离，以避免受到歧视和虐待。比起加拿大本土的劳动力，这些劳工更容易接受歧视性的工时制度、低工资以及危险的工作环境（比如开山爆破），以养活留在故乡的家人。

随着加拿大对华移民政策的改变，加拿大华人的构成也发生了很多变化。在掌握加拿大官方语言的程度上，华人移民群体要低于加拿大其他外来的移民群体。资料表明，大约 58% 的华人移民在移居加拿大前不懂英语，移民之前懂法语的华人就更少，还不到 1%。但是因为工作、生活和交往的需要，越来越多的华人新移民已经拥有了熟练运用加拿大官方语言的能力。在 20 世纪 80 年代，只有 36% 的华人移民能讲英语或法语。到了 90 年代，这一比例上升到 45%。中国香港的移民在加拿大寻找专业工作方面明显比大陆的华人移民占据优势。而来自于中国台湾地区的华人移民中，懂英语的人所占比例与来自大陆的华人移民基本相当。

根据加拿大 2001 年的统计资料，有 85% 的华人声称会使用至少一种官方语言进行交流，剩下 15% 则称不会说英语或法语。在不会说官方语言的华人中，有 50% 是在 20 世纪 90 年代移民到加拿大的，22% 是在 20 世纪 80 年代移民的，这些移民通常年龄较大。在有稳定工作的华人移民中，有 89% 的人声称可以说至少一种官方语言。汉语是继英语和法语后第三大最常见的母语。占加拿大总人口 3% 的人声称汉语是他们的母语，即他们从小就开始学习并能够熟练地理解和掌握汉语。加拿大华人中最常用的汉语种类是粤语，这些说粤语的人中 44% 来自中国香港地区，27% 出生在中国大陆的粤语区，18% 为加拿大出生。第二常用的汉语种类是国语（普通话），这些说普通话的人中 85% 来自中国大陆或中国台湾地区，7% 是在加拿大出生，2% 在马来西亚出生。

三、语言对劳动收入的影响

关于语言与劳动收入间关系的研究，即研究语言与个体劳动收入之间的相互影响，主要用来解释为什么不同语言成员间存在着收入的差距。语言对于劳动者的收入有着至关重要的影响，主要表现在两个方面：一是学习一种或多种语言是对人力资本进行投资的一种方式，语言知识可以被看作是一种技能，所以最终会产生经济效益；二是受语言歧视的影响，非社会主体语言成员在劳动力市场上会被边缘化，最终导致收入低。

语言对劳动收入影响的研究是在加拿大语言问题的背景下产生的。20

世纪60年代，加拿大出台了《官方语言法》及其修正案。学者们开始研究加拿大法裔公民和英裔公民的收入差距问题，这项研究将收入和语言作为变量进行了相关实证分析，为语言与劳动收入的关系提供了丰富的信息。之后，学者们把语言因素也纳入到决定移民收入的变量中去，展开了大量的实证研究。特纳（Turner，1988）把样本范围扩大到其他美籍外裔的移民中，发现英语流利程度对所有人群的收入都有积极的作用，特别是西班牙裔民和亚裔移民。Chriswick（1991，1998）利用不同国家（包括美国、加拿大、澳大利亚、以色列）的问卷调查和人口普查数据，对不同人群（合法移民、非法移民、男性移民、女性移民、非移民等）的语言与收入的关系及相关问题进行了计量检验，并就各国的分析报告做了对比。最终的研究结果表明，就语言总体能力而言，目的国语言水平对移民的收入有重要的影响，能够使用目的国语言的移民收入较高，而不能掌握目的国语言的移民工资为最低，熟练掌握口语和阅读能力的男女所取得收入比缺乏这两项技能的同性分别高出8%和17%。Carnevaleetal（2001）对语言单项技能与收入的关系进行了更细致的研究，他考察了听、说、读、写四项语言技能，发现移民的听力是他们在劳动力市场上取得成功的关键。但这并不意味着其他因素不重要，在听力水平既定的条件下，说、读、写的能力对收入的影响就会凸显出来。大量实证研究表明，在其他条件保持不变的情况下，语言流利程度是收入的重要决定因素。目的国语言水平越高，收入越高，反之亦然。

此外，缺乏语言技能可能直接或间接地成为获取工作的某种障碍，尤其是对外来的移民。优势语种人群很容易地就可以识别出劣势语种人群。在工作中，也可以通过口音和语言习惯来辨别，这样就导致非主体语言群体的成员在劳动力市场上被边缘化，就业机会随之减少，这种效应通常会由种族劳动力市场的划分而得到强化。

四、语言对加拿大华人移民的重要性

如果缺乏英语语言交流技能，移民的教育资质和专业经验都会极大地贬值。由于语言交际能力不足，移民的专业水平被低估，他们的聪明才智不能被充分应用和发挥，这使他们在工作中屡屡受挫。语言能力，特别是英语口语能力对移民是否能够在加拿大找到一份好工作起到至关重要的作用。口语能力也是就业市场的敲门砖，如果没有语言这把钥匙，有些工作的大门就无法打开。我们于 2014 年 8 月在加拿大温哥华地区进行的华人访谈结果就证实了这一点。

其中一位加拿大华人张先生感悟到："我在找工作的初期阶段，因为听不懂面试官的提问，几次面试都没能通过。"还有一位 Janice Wang 女士，在一家 IT 公司做了 2 个多月的义工，最后还是没能拿到正式工作，就是由于她的口语不好，在那家公司的工作期间一个朋友都没有交到。还有一些中国移民，由于英语口语能力不足，就干脆放弃从事他们原来行业的工作。有一对从中国南方来到加拿大温哥华的夫妇，原先在中国做的都是进出口贸易的工作，到加拿大之后却放弃了这一专业领域的工作，就是因为他们对自己英语能力非常不自信，甚至都不能与加拿大人进行日常的口语交流。

还有部分华人移民，虽然有一定的英语能力，但是他们对那些对英语口语能力要求很高的工作却比较胆怯。比如马建（化名）先生，他的英语能力足以支持他在加拿大一家比较大的房地产公司做部门经理。他学的专业是 MBA，并且也去过英语国家如新西兰，也有一些在英语国家社会实践的经验，但他认为自己的英语水平还是有所欠缺的：

"在和他们交流的时候，尤其是在和他们进行非正式语言交流的时候，我就感觉自己的英语不够用了。他们在一起开的玩笑、讲的笑话我都听不懂，尤其是在非学术专业的场合，与不同背景的人进行英语口语交流的时候就更听不懂了。”

这一点对华人移民来说是一个挑战。因此，马建没有办法，只好寻找其他领域的工作以利用自己文化的资本。最后他选择在一家电脑公司从事编程的工作，因为编程不会有太多与别人接触的机会，所以这样他觉得能更好地利用自己的文化资本。

受限于语言能力的不足，一些中国的技术移民被降级使用的情况也是屡屡发生，这无疑进一步挫伤了他们的自尊心。访谈中的王先生、李先生、王女士等在国内都有各自不同的专业，但他们在加拿大找不到与自己专业相匹配的工作，只能做一些其他的工作，因为他们专业的工作需要更好的英语能力，但是他们英语能力有限，所以对自己的工作能力不够自信。比如在采访中他们会说“你就是给我那个位置，我也不敢做”，因为作为管理者要和各种各样的人打交道，包括工程师、工人、政府官员、银行等，但他们不懂地道的表达习惯和口语化的表达方式。

英语的语言能力就是一切，高水平的语言交流能力在加拿大是实现自我的前提。Mike 是加拿大华人移民，他和他在加拿大土生土长的朋友 Gene 已经认识有六年之久。Gene 是公司的老板，他是温哥华本地人，有着广泛的关系网，也具有良好的管理能力和社会交际能力，而 Mike 有着丰富的材料库保管员的经验和编程、IT 的工作经验，而且又善于新技术的学习和掌握，他们两个是一对完美的搭档。Mike 在一年前帮助他的朋友 Gene 组建了自己的新公司，一个建筑材料公司，他在访谈中说 Gene 非常地信任并且器重他，他说：

“我们俩到了公司之后，Gene 已经明确说明了我在这个公司的发展是无限的，他说希望我能和公司一起成长，公司的一切都是对我开放的。这也是我在这个公司工作非常开心的原因，虽然是一些简单的客套话，但我非常开心，并且愿意付出，我也认为今后会有很多的机会，不见得一定要赚多少钱，至少我们现在的关系是很融洽很密切的，这也是一种文化的融合，彼此也都接受和认可。单从语言水平上来说，一年多来我也有很大的提高。”

Mike 在公司得到的满足不是金钱可以衡量的，这与文化有着紧密的关系，这是两种不同文化的相互融合与接受。他认为 Gene 作为当地专业技术人员的代表，把他看成一种同等的伙伴，这就使 Mike 有一种作为加拿大中等阶层人士身份认同的享受。但是如果要继续发展，Mike 所需要的不仅仅是他和 Gene 之间建立的相互理解，公司的扩展需要大量的内部交流和外部协商，这些都离不开高水平的英语口语交际能力和技巧。虽然 Gene 是 Mike 高度信任的合作伙伴，但是 Mike 明白，自己的英语交流能力还需要进一步提高，这样才能达到他所期望的目标。他在访谈中表达了他渴望提高自己英语交流水平的急切心情。他讲到：

“我现在的事业发展已经很明显地受到英语能力的影响了，这方面 Gene 已经与我谈了：‘你的语言还需要进一步的提高，我们现在还不能做到 100% 的交流，你在我这个公司没有任何限制，你可以无限地发展，但你的语言一定要进一步提高，当你的语言能力提高之后，我可以把你放到一个部门经理的位置上，你在技术上和其他方面都没有问题，但是语言影响到你的再提升，作为部门经理你要面对公司的内部和外部，你要跟客户打交道，了解他们的想法并与他们交流，语言能力不好的话，你就不能胜任那个位置。’”

公司对英语能力的要求，对一个专业技术人员和对公司部门主管人员来说有着天壤之别。作为一个公司的部门经理，例如 Mike 所期望的，需要与客户联系，与其他公司的主管人员联系，他就必须通过更多的口语交流来掌握对方主管人员的心理，并与他们进行交流协商。然而实际情况是，Mike 与员工的交流仅限于业务技术方面，当他需要解释一些行政管理的事情时，比如要表达对公司一些职员的内部管理问题或者在会议上表达不同见解的时候就需要 Gene 帮助他解释翻译。Gene 对 Mike 的表达习惯比较了解，知道 Mike 想要表达的意思，但是其他同事不了解，所以英语能力的欠缺对他进一步参与公司的领导和充分发挥工作潜力造成了一定的阻碍。访谈中 Mike 感慨地说：

“英语是一种工具，但对我来说英语能力意味着生存，能让我在加拿大生活地更好。如果我只是想保持现状的话，语言方面不需要做更多的改进，足够我生活之需，只要技术上不放松，还是可以的。但是我觉得从我个人发展来说，语言确实需要加强，我也想要走到更高的层次，不光是从赚钱的角度，更多的是想实现个人价值。在我的事业进程当中，我就差语言这一个缺口，为了堵上这个缺口，我一定要再努力一把。”

Mike 的发言表达了他对英语提高的自信和对自己提高口语水平的决心，他表现得这样坚决，是因为他感受到语言就是一切，也是他目前事业发展道路上的瓶颈。在我们的访谈中，相当一部分人也都是感同身受，他们都表示在加拿大，华人移民必须有足够的毅力和智力，才能攻破语言难关。他们这些移民到加拿大的年轻华人，经过几年的不懈努力，都进入了自己所喜欢的专业领域，同样在追求事业进一步发展的时候，面临着英语交流能力进一步提高的问题。

第三节　加拿大华人与加拿大主流社会

加拿大是典型的移民国家。早期的加拿大华人移民以来自广东的男性青壮年为主，受教育程度低，不懂外语，再加上加拿大社会的种族歧视，大多从事体力劳动，工资水平极低，生活相当艰苦。当时的华人移民人地生疏，不懂当地语言，多遭白人欺凌。在外部种族歧视的压力下，为求生存，华人移民采取自我封闭的方式，往往聚居在唐人街，以血缘和业缘为纽带成立许多社团组织合作互助、共谋生存。唐人街内居住的华人固守中国传统文化，基本保持国内的生活方式，商店、餐馆等均用中文书写，饮食、衣着、节日等都与国内相同，不愿融入西方文化之中，也很少与当地白人来往。因此，他们受到加拿大主流社会的歧视和排斥，处境艰难，社会地位低下，根本就谈不上社会融入。

实行平等的移民政策和多元文化主义政策之后，加拿大的华人人口不断增加。20 世纪 70 年代以来，华人移民和其他移民一样受到了一视同仁的对待。中国香港、中国台湾和中国大陆的移民逐渐成为加拿大新移民的主要来源。从 20 世纪 90 年代开始，中国大陆移民逐步增加，目前中国大陆的移民数量已经超过了印度，成为加拿大最大的移民来源国。2008 年以前，中国移民人数连续 10 年排在第一位，加拿大华人数量超过了 150 万。中国也是加拿大国际留学生来源的第一大国，成为加拿大最大的少数族裔群体。加拿大新的移民政策更具有倾向性和引导性，强调招募受过良好教育、具有专业知识技能以及拥有一定资产的移民入境，以期推动移民素质的提高，这一变化导致华人移民结构发生了重大的改变。现在，华人文化也得到了长足的发展。加拿大华人文化的发展受到主流文化的影响，但是通过加拿大华人的努力，华人文化也渐渐和主流文化相融合。时至今日，对于大多数加拿大人来说，中国节日的耍龙舞狮、中医推拿和各种中华文化千年瑰宝也已经为加拿大的主体民族所接受。

一、加拿大华人融入主流社会

尽管长期以来华人移民备受歧视，无法融入加拿大主流社会，但是在过去的150年间，华人在吸收西方文化的同时，也将中华文化传播到这片土地上。二战之后，加拿大主流社会对华人移民的看法有了很大改观。这使得年轻一代华人移民逐渐融入加拿大社会，积极参与各项社会活动。一部分华人参与政治活动，并在政治领域做出了一番业绩。加拿大主流社会也逐渐意识到民族多样化的优势所在，并且引以为豪，对以前针对华人移民的歧视和偏见进行了纠正，对华人所做出的贡献予以认可。

1. 社会经济性融入

加拿大第一代华人移民主要从事那些不受欢迎的职业。1884年，“皇家华人移民问题委员会”的报告显示，19世纪末20世纪初，华人劳动力中86%属于劳工阶层，不到2%为商人和专职阶层，6%是妇女和儿童，剩下的6%为新来者。劳工阶层中有一半是铁路工人和采矿工人，另外一半是渔民、农业劳动者、商店雇员、厨师、服务员及其他人员。从华人和白人工资水平的对比中可以看出，华人的确受到歧视。1900年左右，在劳动力市场上，加拿大华人仅仅拿到白人工资的一半。在某些行业（如装配制造业），华人即使与白人干同样的工作，拿到的工资也比白人少很多。

早期华人移民大多从事繁重的体力劳动。20世纪80年代以来，由于投资移民政策的出台，很多技术工人和投资者涌入加拿大。仅1986年一年时间，就有大约80名投资者申请移民加拿大，其中三分之一的申请者来自中国香港。统计数据显示，1988年至1992年间，大约有36,200名投资者从中国香港移民到加拿大，投资数额达181亿加元。很多中国香港企业家移民到加拿大之后，帮助加拿大的企业重新发展起来。华人投资者帮助加拿大的中小企业获得融资，同时为加拿大本土居民创造了大量的就业机会。

现如今，加拿大华人的经济实力与过去相比已不可同日而语，华人们也为加拿大的经济发展做出了巨大贡献。加拿大的三类华人移民中，商业移民和独立移民呈迅速上升趋势。商业移民包括企业家移民和投资者移民，他们带来了巨额资金。1986 年，仅 677 名中国香港企业家移民对加拿大商业投资就达 6.213 亿美元。1987 年，数千名中国香港商业移民移入资金达 7.76 亿加元。1989 年 2.2 万中国香港人携带了 30 亿加元到哥伦比亚省和温哥华投资。据估计，在 1986—1990 年的 5 年里，加拿大共吸收港资 200 多亿美元。同期，来自中国台湾的资金累计也已达 100 亿新台币（约合 5.5 亿加元）。凭着雄厚的经济实力，华人经济从过去以餐馆、洗衣、杂货为三大主要行业，发展到经营范围几乎遍及各种行业和领域。特别是房地产业，在华人移民对住宅、商业楼宇需求增加的情况下，房地产业成为华人最集中的行业。

中国的传统文化重视教育。总体来讲，加拿大华人的受教育程度普遍较高。2001 年的一项调查发现，31% 的加拿大华人拥有学士学位，而加拿大全国拥有学士学位的人数占比为 18%。2002 年，加拿大华人学士学位的拥有率上升至 59.4%。到 2006 年，又上升至 62.4%，中国已经成为加拿大高学历移民的最重要来源之一。在第二代移民中，34% 华人的工作需要高技能和高科技。目前，加拿大华人在科技领域也占有重要的一席之地。报道称，加拿大华人占公务员总数的 3%，占自然科学和应用科学领域专业人士的 7%。在商务、管理、金融、制造、工程、法律、医药等行业，华人的表现也相当优秀。总之，华人为加拿大创造了巨大的价值和财富。

自 20 世纪 90 年代起，来自大陆的华人移民比来自中国香港和中国台湾的移民有了更高的受教育水平。据加拿大人口普查数据统计，在 1980—2000 年期间赴加拿大的近 80 万新移民中，大陆移民中有 21% 在移民前已拥有学士学位，中国台湾移民的比例是 16%，中国香港移民的比例为 9%；有 9% 的大陆移民拥有硕士学位，中国香港移民的比例为 2%，中国台湾比例为 5%；拥有博士学位的大陆移民分别是中国香港移民、中国台湾移民的 10 倍和 2.5 倍。

教育水平的提高推动了华人移民从事职业的多样化和专业化，华人的职业结构也从体力型转向智力型。由于多数华人移民受过高等教育，精通英语或法语，且掌握一门或者数门技能，华人移民从事的职业涉及到现代工业、房地产、国际贸易、金融保险、电子信息、文化传媒、科技教育、法律、能源、饮食等加拿大的各个领域。他们或拥有和经营着自己的企业，或成为律师、医生、会计师、工程师、高级主管，或担任了过去不准华人担任的公职，如市长、市参议员、省议员、联邦议员甚至联邦总督，或进入了过去华人根本没有能力涉足的投资经营企业，包括饮食业、贸易与零售业、房地产业、石油化工业、食品加工业、文化传媒业和各类服务等。中国香港富豪李嘉诚、李兆基、郑裕彤和中国台湾企业家创立的统一加拿大基金公司等都在加拿大大量投资房地产。大陆移民绝大多数分布在医药、教育、法律、证券、会计、商业管理、建筑设计等专业领域，成为专业技术人员。这些移民都成为这些年来振兴加拿大经济的重要力量。

此外，加拿大华人中从事专业及管理、科技类职业的人口比例不断上升，这促使新的华人中产阶级出现，而且人数越来越多。到 1981 年，这个新的华人中产阶级群体人数增长到 10 年前的 4 倍，即从不足 10,000 人增长到 44,000 人，约为整个加拿大新中产阶级的 1.4%，达到华人总劳动力的 26%，高于加拿大人的 19.8%，至 1991 年，该比例上升到 28%，远远高于本土加拿大人。由此可见，原来不允许或根本无华人移民从事的专业性、技术性职业已经被华人新移民广泛涉足，并且从事纯体力和纯服务性职业的华人移民数量越来越少。

在多元文化主义政策实行后，华人的从业领域更为宽泛。其中，管理、办公室及专职工作从 1971 年的 30% 上升到 1981 年的 41.2%。1981

年，华人从事专职性工作的比例为：自然科学及相关职业为48.5%，社会科学及相关职业为4.7%，教学类职业为12.6%，医疗卫生职业为27.7%，文学艺术类为6.5%。在服务领域，70年代加拿大华人的从业比例大约是其他加拿大人的2倍。到了90年代初，该比例基本持平。1981年和1991年数据调查表明，在专职和其他白领行业，华人不再处于劣势状态。但在70年代以前，华人在这些领域所占的比例非常低，根本无法与其他加拿大人相比。

近几十年来，越来越多的人尤其是在加拿大出生的华人后裔和部分移居加拿大的华人新移民已经逐渐融入主流社会。21世纪的加拿大华人从事各种行业，如记者、音乐家，舞者，小说家，政治家等。大多数加拿大华人受教育程度较高，与他们的先辈相比，他们的语言能力已经有了很大的提高。他们愿意选择白领或社会地位较高的职业，薪水高，而且更加稳定。在20—29岁的第二代加拿大华人中，34%都在要求大学文凭的管理职位上工作，这一数字要远远高于加拿大的平均水平（15%）。此外，为了避免和加拿大主流劳动力大军竞争，华人更多地选择技术领域的工作，如自然科学和数学领域。目前，加拿大华人有33%在自然科学、工程和数学领域工作。加拿大华人占加拿大科学和技术领域的比例很高。2001年，7%的加拿大人从事科学和技术领域工作，其中3%是加拿大华人。

此外，许多加拿大华人都选择在加拿大创业，拥有自己的生意。实际上，在加拿大的华人企业家自20世纪80年代就开始有如泉涌。加拿大华人比其他族裔的创业率都高，从1981年的3.6%上升到1996年的7.4%。许多中国企业家移民作为创新者和思考者经常来往于中国和加拿大这两个文化背景完全不同的社会中，而正是由于这些敏锐的企业家抓住了中西方两个不同社会提供的商机。如今，很多加拿大华人拥有自助洗衣店、餐馆、小型连锁零售店、旅馆和服务业、零售贸易、财务、保险、房地产和经营管理。加拿大不断增长的中产阶级增加了对服务业和高质量产品的需求，如列治文（Richmond）夜市，都是当地华人经营的公司。

2. 政治性融入

一直以来，政界一向是海外华人发展的薄弱领域，华人没有在海外从政的传统。经济条件较好的华人家庭为子女不惜代价，但传统的培养方向多是经商、当医生或者律师，从政被认为是不务实的。但随着华人越来越多，在竞技和社会地位有了一定的保障之后，需要有人成为他们的政治代言人。为了表彰华人对加拿大社会的贡献，联邦政府已先后向 20 多位华人颁发加拿大勋章。该勋章奖励各领域中成就卓越的加拿大人，由公民推举候选人，经颁发顾问委员会审议和总督批准，每年春秋两次在总督官邸举行颁奖仪式，被视为公民的最高荣誉之一。

在加拿大华人的国籍身份发生改变时，他们已经调整了与祖国和所在国之间的关系，拥有专业知识、良好的英语能力和强烈进取精神的华人移民开始谋求政治地位，并以他们前辈们不可企及的方式进入加拿大政坛，努力融入当地主流社会，积极投身选举，参政议政。在他们的影响下，华人移民逐渐意识到只有在主流社会的政坛上开辟表达心声的直接渠道，才能更有效地保护华人的正当权益。80 年代以前的 30 年间，只有 11 人经选举成功参政，1957 年，第一位参选加拿大议会并登上政治舞台的华人是郑天华（Douglas Jung）。而 80 年代华人参政人数已达到 12 人，1990 年至今已有 20 多人。在加拿大联邦、省、市三级议会选举中，都有华人获胜当选。

随着移民政策的不断调整，华人的社会地位得到不断地提升，越来越多的华人移民到加拿大，其中很多移民者成为加拿大负有盛名的杰出人士。1982 年，于宏荣当选为温哥华第一任华人议员；1987 年，黄景培在省议会选举中胜出，并先后出任安大略省（Ontario）能源部部长和公民部部长；1988 年，大陆移民林思齐出任不列颠哥伦比亚省（British

Columbia）省督，成为加拿大建国121年以来的首位华人省督，任职长达6年半之久；1993年，中国香港移民陈卓愉当选国会议员后被委任为外交部亚太事务部部长；1997年第36届联邦大选中，中国香港移民陈卓愉、梁陈明任、麦鼎鸿3名华人同时当选国会议员，这在加拿大华人参政史上尚属首次；1998年，中国香港新移民利德惠被委任为联邦参议员；1999年，中国香港移民伍冰枝当选加拿大第26人总督，是加拿大历史上的第二位女总督，也是首位华人总督；2005年，林佐民（Norman Kwong）当选为艾伯塔省（Alberta）省督；2007年大陆移民陈卫平等成功组建华人自己的政党——民主联盟党，以期支持华人参政；2009年中国香港新移民李绍麟成为马尼托巴省（Manitoba）首位华人省督。加拿大华人移民已成为加拿大政治生活中的一股重要力量，为加拿大国家的发展做出了卓越的贡献。

值得一提的是，活跃在加拿大政坛上的华人都是长期参与社区服务、热心公益事业的人士，一般具有较高的知名度和影响力。这是他们能够同时赢得华人与非华人人士的信任和支持并成功参政的重要原因。总体上来说，华人参政在近年来取得了很大进展，但多数华人对政治仍保持一定距离，参政不踊跃，投票率低。为改变这种局面，一些华人社团做了很多工作。目前有一些华人社团每年颁发一些奖学金给攻读法律和政治的华人子弟，鼓励他们在政治上有所作为。温哥华中华文化中心除了开展文化活动外，还组织华人社区参加三级选举、就政府移民绿皮书进行辩论以及反对OTV电视台播放带有歧视华人性质的节目等社会活动，以推动华人争取和维护自身合法权益。1985年，全加华人协进会发起追讨“人头税”的活动，许多华人社团纷纷响应，并促使他们联合起来，就争取华人平等权益、消除种族歧视等问题与政府进行积极对话和协商。这些活动在华人中产生了强烈的反响，激发了他们对政治生活的热情，也有助于华人社会加强团结与合作，发挥整体政治影响力。

3. 文化性融入

华人移民不仅在经济、政治方面积极地融入加拿大主流社会，而且传统的文化风俗习惯也受到加拿大社会的影响，形成了具有加拿大特色的华人文化风俗和生活习惯。这主要表现在以下三个方面：第一，大多数华人移民选择与白人比邻而居，并积极参与社区活动和公益事业；第二，华人移民喜欢过中、西方双重节日和参加中、西方的庆典活动。例如华人移民在圣诞节期间也用圣诞树装点室内，春节也吃饺子，端午节也赛龙舟等。第三，华人移民已经习惯在公共场合使用英语或法语，而家庭语言仍以普通话或粤语为主。

华人文化在加拿大的发展虽然受到主流文化的影响，但是也已经形成自己的特点，即保留了对中华文化的高度认同。加拿大华人文化包括汉语的传承、中华传统节日庆典、中国传统思想的传承和发扬光大。在加拿大多元文化政策的影响下，华人保持了更多自己的文化特征和生活方式。许多家长希望子女掌握中文，中文学校蓬勃发展起来，仅温哥华就有 100 多所中文学校，学生数逾 8,000 人。温哥华有三家正规的中文报纸，九家华人杂志，华人社团、学校单位和官方机构定期会举办各种类型的展览和讲座。维多利亚有一所创办于 1983 年的中华学院，除开设中文外，还讲授中医、外科、针灸、气功等知识。每逢中华民族的传统节日，华人团体还举办具有中国文化特色的舞狮表演和娱乐活动。

20 世纪 80 年代中期以来，华人文化在加拿大出现了一次大繁荣。文学方面，华人作家在他们的作品中描述了自己的特殊经历，展示了华人移民的文化状况。其中比较有名的作家有刘绮芬（Evelyn Lau）、张岚（Lan Samantha Chang）、拉丽莎•赖（Larissa Lai）和何舜廉（Sarah Shun-Lien Bynum）。此外，电影人也通过自己的作品展示了华人文化的魅力。在出版界，加拿大华人创办了《亚裔加拿大人》杂志。音乐界也将中华传统音乐与西方音乐相融合，创作出新的曲目。唐人街不再被遗忘，反而成为居住区和商业中心。很多华人以外的加拿大人到唐人街购买除唐人街之外无法买到的商品。很多加拿大人在春节之际到唐人街感受华人的热情好客，品尝唐人街的中华美食。很多其他民族背景的人也来到唐人街，与华人一起庆祝这一中华传统节日。

与此同时，华人社区也开始融合西方特色。例如，很多新的华人移民会定期参加基督教活动。众所周知，华人多年来接受的是无神论教育，他们普遍没有宗教信仰，如果说有宗教信仰，那也只能是佛教或道教。基督教在中国大陆不是很流行，很多华人甚至反对基督教。反对基督教的主要原因一方面是中国近代受到过西方列强的入侵，另一方面也因为基督教的一些教义与儒家传统文化有所背驰。例如，儒家思想认为“人性本善”，但是基督教宣称“原罪”。因此，早期移民很少对基督教和其他教派感兴趣。据 2001 年的一项调查发现，85% 的加拿大居民信仰宗教，与此相比，58% 的华人没有任何宗教信仰。

随着华人地位的不断提升，19 世纪末开始出现了专门为华人设计的教堂。不久之后，华人牧师由于其得天独厚的双语背景，开始主持教堂活动，教堂也成为华人社区与加拿大主流社会交流的一座桥梁。卫理公会教堂的一位牧师曾说，他被华人学习英语的热情和皈依基督教的热情深深感染。基督教是加拿大主流文化的象征，为了更好更快地融入白人社会，很多少数族裔都选择皈依基督教。很多基督教堂提供免费的英语培训课程，为华人移民组织各种活动，帮助他们融入加拿大社会。华人教堂在融合中华传统儒家思想和基督教方面做出了巨大贡献，由此也成为华人融入加拿大主流社会的中坚力量。

二、加拿大主流社会对华人的接纳

在华人移民的不断努力下，加拿大主流社会逐步改变了对华人的态度。1980 年，加拿大联邦议会通过了《纠正过去对华人不公平待遇的决定》。1981 年，加拿大三个主要政党——保守党、自由党和新民主党，都支持国会通过一项决议，即承认“人头税”和排华法案是不公正的、具有歧视性的。一项民调显示，其中 61% 的加拿大人认为当年抽取“人头税”是错误的，32% 的人认为应当向华人做出赔偿。1989 年，加拿大华工修建铁路纪念碑在多伦多（Toronto）落成。在落成仪式上，加拿大总理表示，加拿大人民将永远不忘华人前辈修建铁路，以使加拿大在政治和地理上联成一体所做的贡献。加拿大文明博物馆内的中华文化展厅，展示着中国文化对加拿大的巨大贡献。

随着华人经济实力的增强和社会地位的提高，社会各界都开始日益重视华人的影响和作用。温哥华国际金融中心负责人歌德博格（Goldberg）说：“华人移民具有非凡的企业家精神，这是他们文化价值的组成部分，这正是加拿大所缺乏的。除此之外，他们有资本，而且与亚洲市场有联系。”这些华人移民带来的管理理念为加拿大的经济注入了新鲜活力。为吸引华人顾客，加拿大商业机构开始雇用华人职员，用中文进行宣传，与华人顾客互相交流。不少公司都开始专门研究华人的消费心理和购买习惯。多伦多（Toronto）的一家商业电视台每天有两个小时的中文节目。

加拿大政府在贯彻多元文化政策中，采取了许多措施支持中国文化，例如赞助华语教学，资助出版中文杂志等。越来越多的大学开始承认中文并将中文列为第二外语。1997 年，加拿大首次发行中国农历牛年生肖纪念邮票，邮局发言人说，这是表彰华人对加拿大社会的贡献，并将在此后的 11 年连续发行全部中国农历生肖纪念邮票。1998 年，加拿大皇家造币厂首次发行中国农历虎年生肖纪念币，面值 15 加元，镀金含银，一面的中心是一只老虎，周围是 12 生肖的形象，另一面是英国女王的头像。生肖纪念币在此后的 12 年连续发行。

加拿大政府也十分重视广泛征询华人社区的意见，例如 1992 年联邦修宪咨询委员会曾就修改宪法的问题先后征询了温哥华中侨互助会和全加华人协进会的意见。遇到政府新闻发布会和社区的重大事件，有关机构也会通知华语媒体。政府的重要通告，也一律翻译成中文在当地中文报纸上登载。

融合，就是两个或者更多不同背景的族裔，为了某种目的走到一起，长期相处，形成彼此相关的一个整体。在某种意义上来说，华人移民的融合其实就是某种社交关系的建立，这些关系的建立都是通过社会文化实践来完成的。而社会文化实践，主要是指移民的家庭实践，包括移民对加拿大主流社会的参与。这种融合的过程包括他们社会资本的形成和使用，社会资本既可以直接地帮助移民，又能够为他们提供其他需要的资源。所以，大多数移民初到加拿大的时候，并没有太多的社会资本，建立良好的社会关系更是需要花很长的时间，甚至是需要几代人的努力才能完成。

经过了几十年的奋斗，加拿大华人已经扎根于加拿大，把自己的命运与加拿大的发展紧紧联系在一起，与加拿大各族人民一起为加拿大的发展贡献自己的力量。华人移民融入主流社会的速度也加快了，他们以突出的业绩树立了令人瞩目的形象，得到当地主流社会的尊重，如此可以看出，华人已成为了加拿大社会不可分割的重要部分。事实证明，中国精神和中华文化通过世世代代的华人移民在加拿大得以传承和弘扬。

第四章

加拿大华人企业家精神探究

根据加拿大移民局数据显示，作为企业家移民来到加拿大的华人中，40 到 50 岁之间的人群所占比重较大。人到中年，正逢上扶下哺、事业爬坡，处在身上负担较重的阶段，人生的价值也正是在这个阶段冲上巅峰的。部分企业家在移民之前已经在国内取得了很大的成功，但在这个年纪仍敢于挑战自己，放弃在国内较高的社会经济地位和安逸的生活，到异国进行创业，这无疑需要很大的勇气和承担风险的魄力，也充分体现了加拿大华人移民身上的企业家精神。

移民后，华人企业家在经济实力和精神魄力等方面仍然占据主动地位，加上加拿大市场环境和投资环境的优势，这些都为他们发现并抓住新机会、开辟道路继续创业起到了关键性作用，同时也为我们研究加拿大华人企业家精神、移民动机以及中国精神传承在其身上的具体体现提供了良好契机。为此，我们以“加拿大华人企业家精神”为主题对加拿大大温哥华地区的华人企业家进行了专题采访，采访主要分为两部分内容：一是以调查问卷的方式对于中国精神对加拿大华人企业家精神的影响做出实证研究；二是就加拿大华人企业家的创业动因、资本转换、社会融合过程和心路历程等方面进行深度访谈。本章将在分析实证研究和阐述企业家专题访谈的基础上，深度挖掘中国精神对加拿大华人企业家精神的影响作用。

第一节　加拿大华人企业家精神调查研究

为进一步验证中国精神对加拿大华人企业家精神的影响，我们对加拿大温哥华地区的企业家开展了问卷调查。研究目的在于挖掘中国精神中对企业家精神的形成有益的元素，并用以指导跨文化的企业管理。根据第一章中对中国传统文化的挖掘和中国精神相关研究的梳理，本章进行的研究对孕育于中国传统文化的中国精神的内涵进行了阐述。本节首先确定了中国精神几方面的基本内涵，对其进行维度划分，并对各维度进行问项设计；然后利用 SPSS19.0 对中国精神方面的回收数据进行探索性因子分析，用以确定各维度的合理性；接着，基于已有研究的成果，分别提出中国精神各维度与加拿大华人企业家精神的相关性假设，并利用相关系数对各假设进行一一验证。

一、研究设计与理论基础

1. 调查方法和步骤

中国精神的内涵十分丰富。如果进行过于宽泛的研究，会使研究框架过于松散，不利于最终结论的得出，同时考虑到因研究能力和经济条件有限而带来研究上的诸多不便和困难。因此，本章将在高度提炼和概括中国精神核心内涵的基础之上，来研究其对加拿大华人企业家精神的影响。通过前面的研究，我们概括出中国精神的主要内涵，包括：天人合一、仁爱利他、刚健自强、有生于无和无为而治。

为了保证本研究的客观性和可行性，研究采用问卷调查的方法来了解加拿大华人企业家对中国精神的认同传承情况，收集了加拿大华人企业家身上具备的企业家精神特质方面的数据，然后利用收集到的两方面的数据，运用相关的统计分析方法对其进行分析，以期探讨出中国精神传承对于企业家精神的影响，为提出切实有效的应对策略提供指导。具体来看，本次问卷调查研究主要分为以下三个步骤：

第一阶段，调查问卷设计阶段。在深入研究中国传统文化以提炼中国精神内核、大量阅读企业家精神相关研究和文献、实际考察加拿大温哥华地区的华人企业家自身实践的基础上，提出中国精神五个方面的维度对企业家精神影响的可能假设，并以此设计问卷内容。

第二阶段，调查问卷发放阶段。对温哥华地区不同行业、不同企业规模的华人企业家进行问卷调查，获取华人企业家所具备的企业家精神特质方面的数据。

第三阶段，数据的回收与分析阶段。根据调查问卷的结果，运用相关的统计分析方法进行分析，挖掘中国精神对华人企业家精神的作用和影响。

2. 理论基础

从国内外已有的研究文献来看，有关中国精神或者中国传统文化对海外华人企业家精神的影响研究相对比较薄弱。与本研究相关联的研究文献为文化与企业家精神的相关研究，更具体来说，是中国传统文化与企业家精神的相关研究。纵观众学者在这方面的研究，由于文化因素的特殊性，多为定性研究，定量研究较少。而且，定性研究也大多是从儒家角度出发，从道家和佛家的角度研究相对较少。

张大红（2003）、汤一介（2007）、张雯雯（2012）、孙丰云（2012）等分别研究了儒家伦理与企业管理的关联性及其应用价值。葛荣晋（2005）、卢毅（2007）、王晓涵（2014）等分别从道家思想在企业管理中的应用及其对企业家精神的影响作用进行了研究。熊捍宏（2010）提出佛家思想对现代企业管理的运用价值，可以帮助现代企业明确经营理念和决策，实现良性的运行和管理。

王成荣（1999）基于企业家精神形成的文化底蕴和经济根源，从功利与反功利、竞争与反竞争、保守与变革、人治与法治、崇古与创造、等级与平等等方面，提出儒家伦理中的追求理想人格、仁恕思想、社会责任意识、以义取利、诚信、团体意识、和谐思想，均与企业家精神达到了较高层次的融合。

常建坤（2006）从霍夫斯泰德的文化维度理论（Hofstede's cultural dimensions theory）角度，分析了中国传统文化的基本特征，构建了文化影响企业家创新精神的钻石模型，并通过比较中西方文化对企业家创新精神的不同含义，揭示了中国传统文化对企业家创新精神的作用机理。

刘宏（2007）以新加坡的中国新移民企业家为研究对象，讨论了企业家和企业家精神的内涵及其在全球化时代的展延，分析了新移民企业家跨国知识与技术优势在新兴企业成长中所发挥的重要角色，论述了跨国移民企业家产生与发展的客观因素，进而提出跨国性理论架构有助于解释华人企业家在全球化时代中的作用。

高波（2007）则从文化和文化资本两个概念出发，进一步界定了企业家精神的本质，认为企业家精神是由文化决定的企业家群体所具有的价值观取向，其本质是文化资本的积累。他指出，企业家精神在不同的区域呈现出较大的差异化，在文化价值观较为多样性的地区，个人价值观的创新更可能存在，因而为文化资本的积累即企业家精神的兴盛提供了条件。

杨兴时（2010）以国内外杰出企业家精神的实践为基础，重新界定了企业家精神，并以中国传统文化的主流——儒、佛、道三家思想为文化背景和理论渊源，阐释了企业家精神的应有内涵。

辛杰（2014）在中国传统文化情景下，开发了企业家德商测量量表，并经过探索性因子分析，确定企业家德商可分为礼恭忠智、仁爱利他、正直正义、担责履诺、宽谅坦荡和幽默悲敏 6 个维度，并结合因子得分对企业家进行聚类分析，得到 7 个企业家类型群体，将这些群体与企业类型进行对应分析，其研究结论表明不同类型企业家，其对应细分群体的特征具有比较明显的差异。

二、研究假设和变量描述

基于相关理论成果，在中国精神各维度与加拿大华人企业家精神之间提出以下 5 个基本假设，整理如表 4.1 所示。

表 4.1　加拿大华人企业家精神研究假设

序号	研究假设
假设 1	天人合一思想与加拿大华人企业家精神正相关
假设 2	仁爱利他思想与加拿大华人企业家精神正相关
假设 3	刚健自强思想与加拿大华人企业家精神正相关
假设 4	有生于无思想与加拿大华人企业家精神正相关
假设 5	无为而治思想与加拿大华人企业家精神正相关

假设 1：天人合一思想与加拿大华人企业家精神正相关

权变理论认为，在管理活动中不存在适用于任何情景的原则和方法，即在管理实践中，要根据组织所处环境和内在条件的发展变化随机应变，这与天人合一思想不谋而合。Fiedler（1962）提出的“有效领导的权变模式”把领导人的特质研究与领导行为的研究有机地结合起来，并将其与情境分类联系起来研究领导的效果。汤一介（2009）认为“天人合一”作为处理人与自然的关系的思维模式，与西方“天人二分”思想有着根本性不同，提出利用天人合一思想来发展中国企业，树立更有思想文化内涵的企业家精神和中国气派的企业家形象。综合以上研究，提出此假设。

假设 2：仁爱利他思想与加拿大华人企业家精神正相关

“仁”字在论语中，前后被提到 109 次，可以说仁爱思想是儒家哲学的基石。这一思想是做人的根本，同时贯穿了中国的政治、教育和文化等诸多方面。道家主张“圣人无常心，以百姓心为心”，利他思想是指为了使别人获得方便与利益，出于自觉自愿的一种有益于社会的行为。辛杰（2014）认为仁爱利他思想同时反映了儒家、道家和释家的思想，并通过探索性因子分析，验证仁爱利他思想是企业家德商的重要维度，而企业家德商是企业家精神中关于道德取舍方面的变量。故而提出此假设。

假设 3：刚健自强思想与加拿大华人企业家精神正相关

“天行健，君子以自强不息”(《周易》)，主张人应效法日月星辰不间断运行之刚健而自强不息，克服艰险而不断进取，通过不懈地努力磨砺个人的品格。钟同彬（2012）将自强不息思想与持续学习的精神联系起来，认为企业家要积极主动地适应不断变化的环境，不断地学习探索，学会运用新技术和理论，创造性地解决管理中的问题。刚健自强意味着克服风险和持之以恒。本书中，关于企业家精神的另一重要维度是风险活动，Richard 和 Rnight 将企业家精神与风险或不确定性联系在一起，认为冒险是企业家精神的特质之一。该假设就是从这个角度提出的。

假设 4：有生于无思想与加拿大华人企业家精神正相关

有生于无，指的是事物从无到有的过程，将这一传统思想现代化，可以理解为创新精神。Schumpeter（1912）指出，创新是指把一种生产要素和生产条件的“新结合”引入生产体系，创新行为的主体是企业家，强调企业家的职能是“创造性破坏”，“企业家是实现生产要素重新组合的人”。Drucker（2007）提出企业家精神就是社会创新的精神，论述了创新对于企业家精神的重要性，还将创新和企业家精神带入到了经济和社会的领域中。创新精神，是企业家角色的本质特征，也是企业家的标志。

假设 5：无为而治思想与加拿大华人企业家精神正相关

“无为而治”是中国道家文化的核心思想，“无为”并非是无所作为，而是以“无为”而“有为”。葛荣晋和李伟波（2005）指出“无为而治”是一种以最小的领导行为获取最大的管理效果的高超管理艺术，他们从企业决策、企业用人、个人行为和市场竞争等方面阐述“有所为，有所不为”对企业家的影响。张薇等（2012）指出，企业家应做到在“大事上有所为，在小事上有所不为”，把握好企业的宏观战略目标，而对具体事物不过多插手，充分信任员工并做到合理分权，以领导的“无为”才能换来员工的“有为”。可见，无为思想关系到领导风格，企业家的领导风格直接受其精神特质的影响，故而提出此假设。

三、量表及问卷设计

基于对中国精神基本内涵的挖掘，本研究自行设计了中国精神的评分量表。对于企业家精神的测量，将采用被普遍运用的 Zahra 开发的包含 16 问项的成熟量表，问卷中所有问项均由所有被调查者结合实际情况自行提供评价。

1. 中国精神的测量量表

如前所述，中国精神的相关研究中，由于尚缺乏已经开发并广泛应用的成熟测度量表，因此本书将自行开发量表。综合第二章中关于中国精神的内涵提炼和量表的探索研究，并考虑到问项的简洁性、清晰性、易于理解等要求，设计如表 4.2 所示。

表 4.2　中国精神量表

变量		问项内容
中国精神	天人合一 / 仁爱利他 / 刚健自强 / 有生于无 / 无为而治	能认识到该思想是中国精神的主要内容
		能准确描述该思想的基本观点和内涵
		赞同该思想具有现实意义和价值
		愿意按照该思想指导自身行为方式

2. 企业家精神的测量量表

关于企业家精神的测度，目前被大多数研究者所广泛采纳的是 Zahra（1996）所设计开发的成熟量表，该量表共包含 16 个问项，每个问项的回答采用 Liket 5 级量表。企业家精神的 3 个基本维度包括：创新（对应 5 个问项）、风险活动（对应 5 个问项）和战略更新（对应 6 个问项）。

3. 调查问卷的总体设计

根据前述各变量内容，设计了“华人企业家中国精神传承”调查问卷。问卷共分为三个部分，各部分的问项设计如表 4.3 所示。第一部分为基本变量，共有 5 个问项，主要涉及调查对象的性别、年龄、教育程度、经营行业和经营规模。第二部分是本研究中关于中国精神所涉及到的 5 个基本维度，每个维度均有 4 个问项，采用自行开发的量表。第三部分是关于本研究中的企业家精神变量，采用 Zahra（1996）开发的成熟量表，共包含 16 个问项。

表 4.3　本研究的问卷总体设计

<table>
<tr><th>变量名称</th><th>问项</th><th>问项数量</th><th>变量名称</th><th>问项</th><th>问项数量</th></tr>
<tr><td>基本变量</td><td>1-5</td><td>5</td><td rowspan="4">有生于无</td><td>C13</td><td rowspan="4">4</td></tr>
<tr><td rowspan="4">天人合一</td><td>C1</td><td rowspan="4">4</td><td>C14</td></tr>
<tr><td>C2</td><td>C15</td></tr>
<tr><td>C3</td><td>C16</td></tr>
<tr><td>C4</td><td rowspan="4">无为而治</td><td>C17</td><td rowspan="4">4</td></tr>
<tr><td rowspan="4">仁爱利他</td><td>C5</td><td rowspan="4">4</td><td>C18</td></tr>
<tr><td>C6</td><td>C19</td></tr>
<tr><td>C7</td><td>C20</td></tr>
<tr><td>C8</td><td rowspan="5">企业家精神</td><td rowspan="5">E1-E16</td><td rowspan="5">16</td></tr>
<tr><td rowspan="4">刚健自强</td><td>C9</td><td rowspan="4">4</td></tr>
<tr><td>C10</td></tr>
<tr><td>C11</td></tr>
<tr><td>C12</td></tr>
</table>

问卷中的第二和第三部分均采用 Liket 5 级量表作为问卷的衡量工具，要求被调查对象根据自身实际情况，从“完全符合”至“完全不符合”对各问项进行打分。具体地，1 代表“完全不符合”；2 代表“基本不符合”；3 代表“一般”；4 代表“基本符合”；5 代表“完全符合”。

四、数据分析

1. 人口统计分析

在发放问卷时，采用纸质问卷和电子问卷相结合的方式进行。在专程赴温哥华地区访谈华人企业家的期间，对能够直接会面的企业家进行深度访谈，并请对方填写调查问卷；对因某些原因不能前来的被调查对象，采用电子邮件的方式进行问卷的发放和回收。本次调研共发放问卷 160 份，共回收问卷 152 份，问卷回收率较高（95%），剔除无效问卷后剩余 141 份，问卷有效率为 88.1%。如表 4.4 所示，对本次调研所选择的有效样本，进行了基本的统计分析。

从表中可以看出，样本中男性较多，共 109 人，占 77.3%；女性 32 人，占 22.7%。26—45 岁之间的企业家共计 63.8%，成为此次所调研的企业家的主体。文化程度以大学本科为主，占 41.13%，大专和硕士仅随其后，调查对象的文化程度相对较高。从所调查的企业家所经营的行业看出，除餐饮行业较多（占 21.99%）之外，其他行业分布较为平均，主要从事的行业有：IT、金融、房地产、教育培训、贸易、文化传媒以及生产加工等。

表 4.4　人口数据统计表

人口统计变量		人数	百分比（%）
性别	男	109	77.30
	女	32	22.70
	合计	141	100.00
年龄	25 岁及以下	14	9.93
	26—35 岁	47	33.33
	36—45 岁	43	30.50
	46—55 岁	26	18.44
	56 岁及以上	5	3.55
	合计	141	100.00
文化程度	高中及以下	21	14.89
	大专	33	23.40
	本科	58	41.13
	硕士及以上	29	20.57
	合计	141	100.00
所属行业	IT	10	7.09
	金融	17	12.06
	房地产	22	15.60
	教育培训	13	9.22
	贸易	19	13.48
	文化传媒	11	7.80
	餐饮	31	21.99
	生产加工	6	4.26
	其他	12	8.51
	合计	141	100.00

2. 信度和效度分析

在中国精神的测度方面，本研究利用 SPSS19.0 对其所涉及的各个变量进行信度和效度分析，以提高研究的有效性。企业家精神的测度，由于采用的是已经经过检验和广泛应用的成熟测量量表，因而将回收的相关数据直接纳入后续的假设检验中。本研究采用大多数学者认同的Cronbach'α系数作为判断各个因子所包含测量问项内部一致性的依据，将 0.7 作为该项指标的临界值。为了判断用于测量因子的各个问项设计的合理性，采用“删除问项后 Cronbach’α 系数”同时作为信度分析的标准。SPSS19.0 输出的信度检验结果如表 4.5 所示，我们可以看出，Cronbach’α 系数为 .734，高于 0.7 的临界值，说明问卷设计的内部一致性较好。同时，删除任何问项后，其测量的因子相应的 Cronbach’α 系数都将降低，这说明各个测量问项的设计十分合理。

表 4.5　中国精神的信度分析结果

变量	问项	项已删除的 Cronbach's Alpha 值	Cronbach's Alpha 值
中国精神	C1	.722	.734
	C2	.714	
	C3	.721	
	C4	.720	
	C5	.732	
	C6	.727	
	C7	.734	
	C8	.728	
	C9	.728	
	C10	.730	
	C11	.728	
	C12	.722	
	C13	.731	
	C14	.729	
	C15	.731	
	C16	.734	
	C17	.705	
	C18	.706	
	C19	.709	
	C20	.711	

本研究的效度分析主要检验量表的内容效度和结构效度。内容效度方面，基于阅读国内外的相关文献，又经与从事相关研究的教授进行探讨，从而保证了量表的有效性。结构效度方面，采用 SPSS19.0 进行探索性因

子分析。首先，对中国精神的测量问项进行 KMO 和 Bartlett 球体检验。根据软件分析的输出结果，该变量问项的 KMO= .703，超过 0.6 的临界值，Bartlett 球体检验的显著性水平 Sig.= .000，数据表明该组样本数据来自正态分布总体，并且适合进行因子分析。KMO 和 Bartlett 球体检验结果如表 4.6 所示。

表 4.6　中国精神的 KMO 和 Bartlett 的检验结果

取样足够度的 Kaiser-Meyer-Olkin 度量		.703
Bartlett 的球形度检验	近似卡方	2400.831
	df	190
	Sig.	.000

表 4.7　中国精神的探索性因子分析结果

变量	问项	成份				
		因子 1	因子 2	因子 3	因子 4	因子 5
中国精神	C17	.796				
	C18	.783				
	C19	.762				
	C20	.755				
	C16		.832			
	C15		.831			
	C13		.658			
	C14		.631			
	C3			.777		
	C4			.754		
	C2			.582		
	C1			.582		
	C5				.715	
	C8				.696	
	C7				.677	
	C6				.603	
	C12					.628
	C9					.601
	C11					.557
	C10					.513
特征值		4.112	3.083	2.667	2.436	2.220
解释的方差（%）		20.562	15.412	13.334	12.181	11.000
解释的总方差（%）		72.489				

3. 探索性因子分析

经过上述信度和效度的分析，我们对中国精神共20个问项进行因子分析。取特征值大于1的因子共5个，解释的总方差比例为72.489%，如表4.7所示，这说明因子分析效果较好。通过对数据输出的结果进一步进行观察，我们可以发现20个问项在各因子上的因子载荷均超过了0.5，这说明20个问项对5个因子的归因效果良好。

4. 相关性分析

本研究中关于假设的检验，采用SPSS19.0进行Pearson相关系数分析。根据软件输出结果，如表4.8所示，可以看出，所有假设变量之间的Pearson系数的绝对值均超过0.5的临界值。这一结果对各假设均做出了良好的验证性效果，表明假设1、假设2、假设3、假设4、假设5都得到问卷调查的数据支持。结果表明，中国精神基本内涵中的天人合一思想、仁爱利他思想、刚健自强思想、有生于无思想和无为而治思想与加拿大华人企业家精神具有显著的正相关关系。

4.8　中国精神各变量与企业家精神的相关性结果

		天人合一	仁爱利他	刚健自强	有生于无	无为而治	企业家精神
天人合一	Pearson 相关性	1					
	显著性（双侧）						
	N	141					
仁爱利他	Pearson 相关性	.037	1				
	显著性（双侧）	.666					
	N	141	141				
刚健自强	Pearson 相关性	.220**	.253**	1			
	显著性（双侧）	.009	.002				
	N	141	141	141			
有生于无	Pearson 相关性	.144	.099	-.063	1		
	显著性（双侧）	.088	.242	.459			
	N	141	141	141	141		

（续表）

		天人合一	仁爱利他	刚健自强	有生于无	无为而治	企业家精神
无为而治	Pearson 相关性	.136	.057	.234**	.132	1	
	显著性（双侧）	.107	.503	.005	.119		
	N	141	141	141	141	141	
企业家精神	Pearson 相关性	.556**	.587**	.506**	.557**	.566**	1
	显著性（双侧）	.000	.000	.000	.000	.000	
	N	141	141	141	141	141	141

** 在 .01 水平（双侧）上显著相关。

五、调查研究的结论

研究结果表明，中国精神和中国传统文化的基本内涵包括天人合一、仁爱利他、刚健自强、有生于无和无为而治五个方面。这些深刻影响着整个中华民族的思维方式、心理结构、价值选择、伦理道德和行为方式，同时也对华人企业家精神的形成产生了较为积极的影响。

1. 天人合一思想对加拿大华人企业家精神的影响

作为中国精神和中国传统文化的核心内涵之一，天人合一思想的实质是肯定人与自然的协调统一，强调人类应当认识自然、尊重自然、保护自然，与自然和谐相处。研究结果表明，天人合一思想与加拿大华人企业家精神之间存在显著的正向相关关系（Pearson=0.556，sig<0.001）。这一结论为进一步从中国精神内涵中探寻与企业家精神相关的特质提供了依据。将天人合一思想应用于企业家的经营管理活动中，可指导企业文化构建和企业战略规划两个方面的问题。

2. 仁爱利他思想对加拿大华人企业家精神的影响

作为中国精神和中国传统文化的核心内涵之一，仁爱利他思想的实质是一种社会责任意识，要求人们处处为他人着想，对他人和社会保持爱心。研究结果表明，仁爱利他思想与加拿大华人企业家精神之间存在显著的正向相关关系（Pearson=0.587，sig<0.001）。这一结论为进一步从中国精神内涵中探寻与企业家精神相关的特质提供了依据。将仁爱利他思想应用于企业家的经营管理活动中，可指导社会责任、员工激励和员工关系等方面的问题。

3. 刚健自强思想对加拿大华人企业家精神的影响

作为中国精神和中国传统文化的核心内涵之一，刚健自强思想的实质是一种勇于冒险、持之以恒的精神，要求人们敢于开拓和创造，不断磨砺自身的斗志与品格。研究结果表明，刚健自强思想与加拿大华人企业家精神之间存在显著的正向相关关系（Pearson=0.506，sig<0.001）。这一结论为进一步从中国精神内涵中探寻与企业家精神相关的特质提供了依据。将刚健自强思想应用于企业家的经营管理活动中，可指导其进行员工精神管理、参与市场竞争和开拓市场规模等方面的活动。

4. 有生于无思想对加拿大华人企业家精神的影响

作为中国精神和中国传统文化的核心内涵之一，有生于无思想是指整体的生命力源于无形，是创新和创新思维的核心价值理念。研究结果表明，有生于无思想与加拿大华人企业家精神之间存在显著的正向相关关系（Pearson=0.557，sig<0.001）。这一结论为进一步从中国精神内涵中探寻与企业家精神相关的特质提供了依据。将有生于无思想应用于企业家的经营管理活动中，可指导企业的创新活动。

5. 无为而治思想对加拿大华人企业家精神的影响

作为中国精神和中国传统文化的核心内涵之一，无为而治思想的实质是不妄为，做事要把握好一个度，在有为的地方有为，在无为的地方应当无为。研究结果表明，无为而治思想与加拿大华人企业家精神之间存在显著的正向相关关系（Pearson=0.566，sig<0.001）。这一结论为进一步从中国精神内涵中探寻与企业家精神相关的特质提供了依据。将无为而治思想应用于企业家的经营管理活动中，可指导组织层级和职权分配等方面的问题。

第二节　加拿大华人企业家精神专题访谈

在我们专程赴加拿大温哥华地区进行学术调研期间，除使用问卷调查的方法进行调查研究外，还有一项重要环节和方法，就是对当地的华人企业家进行企业家精神深度访谈。本节将介绍整个访谈的设计和开展情况，并对访谈结论进行总结。

一、加拿大华人企业家访谈基本情况

大温哥华地区（Greater Vancouver）是加拿大不列颠哥伦比亚省（British Columbia Province）西南部包含温哥华在内的的一个区域局，由22个大小不等的城镇和地区组成，包括温哥华（Vancouver）、西温哥华（West Vancover）、北温哥华市（City of North Vancouver）、本拿比（Burnaby）、列治文（Richmond）、兰里区（District of Langley）、高贵林（Coquitlam）、素里（Surrey）和三角洲（Delta）等。据2011年加拿大统计局资料显示，大温哥华地区的面积是2,882.6平方千米，人口约231.3万，其中华人人口达到50.1万人，约占总人口的21.7%。温哥华地区是加拿大华裔人口最多的地区，华人也是该地区人口最多的少数族裔群体。

1. 访谈对象的选择

我们对此次专题访谈的整体思路进行了梳理，主要考虑以下三个方面的内容：第一，根据研究目的，访谈对象的移民来源地应具备较为浓郁的中国文化氛围，为避免政治背景、语言等因素的干扰，访谈主要选取来自中国大陆的华人移民企业家作为研究对象（访谈中也有少数企业家移民来自中国香港，但也都是从国内的广东、福建等地迁徙到中国香港，而后移民加拿大）；第二，访谈对象应充分具备企业家精神特质，并且保证其具有一定的代表性，因此，我们尽可能从各个行业和领域中选取华人企业家作为访谈对象；第三，考虑到时间成本、经济成本和地域限制等因素，访谈尽可能多地调动人员进行集中访谈，并本着较为快速、高效的原则进行。

在具体的访谈对象的选择上，我们在加拿大温哥华地区所选择的研究对象，即华人企业家，包括三种类型：一是以企业家移民身份来到加拿大的企业家，他们一般具备很强的企业家精神和异国创业基础；二是以投资移民身份来到加拿大的企业家，他们多具有较为殷实的经济基础，来到加拿大一段时间后开始选择创业；三是其他企业家，他们以其他类型移民（如技术移民、自雇移民、亲属移民等）来到加拿大，经过相当一段时间的个人努力以及资本转换和融合过程，最后成功创业。

此次共组织了六次专场访谈，对成功邀请到的 31 位温哥华地区的华人企业家进行了深度访谈和焦点小组讨论。参与访谈的企业家包括金融公司董事、IT 界精英、房地产大亨、贸易出口商、生产加工企业主、装饰公司总经理、餐厅老板、教育培训从业者、传媒投资商、自由创业者、农场主，等等。访谈内容主要围绕华人企业家在加拿大的移民和创业经历，以及他们在此过程中的回顾和反思。访谈中，他们分别谈及自己融入西方主流社会的亲身感受以及自己在异国创业至今的艰辛历程和成功道路，诠释了他们在创业移民路上所展现出的中国精神。

2. 访谈的具体实施

访谈所采用的方法有深度访谈和焦点小组讨论，记录方法是电子录音和笔录相结合。在访谈的具体展开和实施过程中，按照分组的方式进行。针对每组访谈参与者，首先对组内成员分别进行深度访谈，然后再将每位成员集中到一起进行焦点小组讨论。结合被访者时间和地点等因素，整个访谈过程共分 6 次进行，将所有访谈对象分为 6 组，每组人数在 4—7 人。

深度访谈（In-depth interview），又称为无结构访谈，是社会学领域中较为重要的定性研究方法之一。与结构式访谈不同，深度访谈通过一对一的访问形式，由访谈者与被访者围绕某个主题或范围进行相对自由的交谈，整个过程并不依据事先设计的问卷和固定程序。这种方法主要用于揭示被访者对某一问题的潜在动机、态度和情感等，适用于详细了解复杂行为、敏感话题或对政府官员、企业高层或专家进行访问。

焦点小组（Focus group），又称为小组座谈，是由具有一定技巧的主持人通过无结构的形式与一组被调查者（一般为 5—12 人）进行交谈、并组织讨论。讨论的问题一般是结构化的，访谈程序基本固定。其中，主持人的职责是控制节奏与活跃气氛，尽量使每位受访者对每一个问题发表观点。焦点小组讨论围绕“中国传统文化和中国精神传承”的主题进行。

根据研究目的，我们对此次访谈的整体方案进行设计，访谈所要获取的信息，共分为三个部分。第一部分为基本信息，主要涉及访谈对象的性别、年龄、婚姻状况、教育背景等人口统计因素；第二部分是以移民过程为主题的相关信息，主要涉及移民前后的经济状况对比、移民后的语言能力、继续教育、亲属以及社交情况等内容；第三部分是与企业家的创业和经营活动相关的信息，主要涉及企业家的个人经历和企业本身的经营状况两方面的内容。

整个访谈成功完成了26个深度访谈，焦点小组讨论了6次。访谈尽量选择较为安静和舒适的环境进行，并由访谈参与者自由选择他们感觉自在的语言。他们中大多数更倾向于使用汉语，这样有利于他们贴切地表达自己。访谈中，每次深度访谈和焦点小组讨论的时间均控制在2小时以内。经过汇总，本研究最终获得约70小时的录音资料。最后，集中对所有访谈录音进行誊录和整理，整个过程较为耗时耗力。为保证受访者的隐私，本书中所提到的受访者姓名均为化名。将所有录音资料整理完成后，对于某些受访者部分信息缺失的情况，我们又通过电子邮件和电话等形式，与受访者进行二次沟通。

3. 人口统计分析

访谈总结阶段，我们对调查对象的人口信息进行数据统计。此次访谈的受访对象中，共有23位男士和8位女士，其中大部分为已婚，仅4位为单身。教育程度以大专和本科为主。他们所经营的行业有：IT业、金融业、房地产、餐饮业、生产加工业、贸易出口、出版传媒业、教育培训和农业等。31位华人企业家的常住地为温哥华市（City of Vancouver）、本拿比（Burnaby）、列治文（Richmond）和素里（Surrey）等地区。详见表4.9。

表4.9 人口数据统计信息

人口统计变量		人数	百分比（%）
性别	男	23	74.19
	女	8	25.81
	合计	31	100.00
年龄	25岁及以下	2	6.45
	26—35岁	6	19.35
	36—45岁	11	35.48
	46—55岁	5	16.13
	56岁及以上	7	22.58
	合计	31	100.00

（续表）

人口统计变量		人数	百分比（%）
婚姻状况	已婚	27	87.10
	单身	4	12.90
	合计	31	100.00
文化程度	高中及以下	6	19.35
	大专	10	32.56
	本科	12	38.71
	硕士及以上	3	9.68
	合计	31	100.00
所属行业	IT	3	9.68
	金融	4	12.90
	房地产	5	25.81
	餐饮	7	22.58
	生产加工	3	9.68
	出口贸易	4	12.90
	出版传媒	2	6.45
	其他	3	9.68
	合计	31	100.00
常住地	温哥华市 *	13	41.94
	本拿比	6	19.35
	素里	5	16.13
	列治文	7	22.58
	合计	31	100.00

* 北温哥华和西温哥华地区均包含在内。

二、华人移民选择在加拿大创业的动因

作为移民，开始到达目的国时，自身在生活习惯和文化方面都需要一个适应和融合的过程。企业家移民因其独特的人格特质，相比其他移民，其适应过程相对较快。但由于文化和认知的差异，以及歧视现象的存在，能够成功地被当地市场所接纳且占有一席之地并非易事。移民目的国众多，

但众多华人企业家选择移民加拿大，或在加拿大创业成功？通过访谈，我们发现，华人企业家移民到加拿大创业的动因可以归结为以下几个方面：

1. 良好的市场环境和投资环境

北美是世界上最大的资本市场、商品市场、技术市场和人才市场，是世界上最大的经济体，拥有最先进的技术、最现代化的管理经验。加拿大是全球最活跃的经济体之一，拥有广泛的优势和巨大的投资潜力。加拿大是西方八大工业国之一，经济整体基础扎实。全球金融危机后，加拿大为刺激经济增长，及时推出“经济行动计划”，使得该国经济走出衰退。

加拿大市场是非常成熟并具制度化的。首先，其地域辽阔，人口稀少，形成以多伦多（Toronto）、蒙特利尔（Montreal）和温哥华（Vancouver）这三大城市为代表的都会区市场特性。其次，加拿大东西向幅员辽阔，人口集中于与美国相接壤的边界区，深受美国市场影响，导致市场形态分别是加东与美东相似，加中与美中相似，加西与美西相似这三种垂直画分的市场形态。最后，加拿大官方语言为英、法两种语言，文件、商标等均具备英、法两种语言。加拿大以英、法裔人士为最大族裔，但同时亦有德裔、乌克兰及其他少数民族市场，具有多元文化色彩。特别是西部近太平洋区及安大略省（Ontario），这些地区东方文化色彩相当浓厚。

2. 一流的基础设施

加拿大具有良好的生活环境。加拿大是世界上生活质量最高的国家。加拿大温哥华（Vancouver）、多伦多（Toronto）屡屡被评为世界上最适合人类居住的城市。这不仅因为加拿大政治稳定、福利完善、环境清洁、风景优美、物价低廉、人民富足，更得益于和谐的生活环境、轻松的生活节奏和悠闲的生活方式。

加拿大具有优秀的教育制度。加拿大拥有世界上最完善的教育体系，拥有世界上一流的大学以及中小学教育，学习条件世界一流。全国推行十二年免费义务教育，公民或永久居民及其子女从小学到中学教育全部免费。政府对高等教育也有很高的津贴。对家庭经济状况不佳的大学生，政府提供无息贷款资助。目前，加拿大高等教育普及率已达到45%，居世界前列。新移民可享受免费的英语、法语培训以及新移民生活辅导和各类工作技能培训。

加拿大具有完善的社会福利制度。加拿大拥有世界最佳的社会福利制度，其公费医疗制度、家庭辅助金、退休养老金、失业津贴、损伤辅助、社会救济金、牛奶金等都是优良的社会福利制度，公民和永久居民可谓老有所养、病有所医。

3. 个人的精神特质

华人企业家之所以能够成为企业家并能够在加拿大成功创业，与其自身的人格特质是分不开的，这一点不容忽视。众多华人企业家的性格和特质千差万别，但是我们还是可以从他们身上找到一些共同的特质。

创新能力。熊彼特（Schumpeter）提出的“创造性破坏”（creative destruction）凸显了企业家精神的实质和特征。创新成为企业家的本能，而一个企业最大的隐患，就是创新精神的消亡。但创新不是“天才的闪烁”，而是企业家辛苦工作的结果。创新是企业家活动的典型特征，创新活动的范围是从产品创新到技术创新、市场创新、组织形式创新等。创新精神的实质是“做不同的事，而不是将已经做过的事做得更好”。

冒险倾向。创新常常意味着冒险与失败，但是不想犯错误，就意味着什么也做不成。没有甘冒风险和承担风险的魄力，就不可能成为企业家。要么成功，要么失败，企业家没有第三条道路可走。我们访谈活动中调研的华人企业家，虽然他们的生长环境、成长背景和创业机缘各不相同，但无一例外都是在走投无路、条件极不成熟和外部环境极不明晰的背景下成功的。

合作意识。企业家在重大决策中实行集体行为而非个人行为。正如艾伯特·赫希曼（Albert Hirschman）所言，尽管伟大的企业家表面上常常是一个人在表演（One-Man Show），但真正的企业家其实是擅长合作的，而且这种合作精神需要感染到企业的每个员工。企业家既不可能，也没有必要成为一个超人（superman），但企业家应努力成为蜘蛛人（spiderman），要有非常强的“结网”能力和意识。

三、华人企业家的资本转换和社会融合

任何移民都会经历与移民目的国融合的过程，这一过程包括社会经济融合和文化融合两方面。面对巨大的文化和认知差异，移民们通常会通过资本重新投入和转换来实现自身的价值。按照朱红（2008）的观点，移民融合包括移民的自我实现以及移民对所迁入社会的社会经济贡献两个方面，而且其中任何一方面都必须通过运用移民的经济资本、文化资本和社会资本（Bourdieu，1986）来实现。文化资本来源于家族积累、文化熏陶以及所受教育；社会资本则通过人际关系网的建立和积累而形成。华人企业家在移民融合的过程中，其所具备的经济、文化和社会资本之间也在不断地进行着转换。

1. 经济资本

对于企业家来说，经济资本包括创业和经营资金、厂房设备以及生产资料等物质资源。访谈结果显示，大部分华人企业家在经济资本方面具有

优势。以企业家移民身份来到加拿大的华人企业家在移民之初就具备一定的经济实力，他们所经营的企业也可以为当地提供一定的就业机会和财政收入。也有少数企业家是以其他移民形式来到加拿大的，他们经过前期的资本积累再进行创业，创业资金的筹集、合作伙伴的寻找以及公司团队的组建等都需要前期积累的社会资本予以支持。

2. 社会资本

社会资本是实际和潜在的人际关系资源的积累，需要依靠对某关系纽带进行策略性的投资建设而形成。同时，经济资本、文化资本均与社会资本有着密切的关系，前两者能够对后者产生一定影响。访谈中我们发现，一些以企业家移民身份来到加拿大的华人，他们在移民前期就与在加拿大具有较高社会地位的本土居民或者华人有着密切联系；但大多数的新移民，将自己的社会关系留在了中国，他们多以很快的速度，打通当地人脉或者融入主流社会圈。

还有一部分其他类型移民的华人企业家，他们在创业以前，经历了很长一段时间的求职挫折、经济困顿和融合困难，他们在努力进行融合的过程中，社会资本得以不断积累和转换，这为之后创业资金的筹集、合作伙伴的寻找以及公司团队的组建等打下了夯实的基础。良好的人际关系是社会资本的来源之一，而人际关系的建立又依赖于语言的交流。

3. 语言资本

文化资本体现为长期的身心特质以及在长期的熏陶下所养成的习性、经教育和训练所培养出来的能力和技能等。对于华人企业家移民而言，语言资本成为文化资本中非常重要的元素，其人际接纳和排斥功能在选择亲疏关系上起着关键作用。访谈中，英语交流能力的重要性多次被华人企业家提及。由于语言交流的障碍，一些企业家在公司会议、传达决策以及与下属交流时出现困难，即使可通过翻译作为中介，也大大降低了工作效率和执行力，甚至影响到经营业绩。相反，本身具备较强英语交流能力的华人企业家的沟通效率则较高。他们洞悉中西文化差异，在员工激励方面也能针对不同文化背景的员工而采取不同的策略进行。同时，语言能力也成为华人企业家选拔人才的重要标准，他们将以英语为母语的员工或者英语能力较好的华人员工用于市场和销售等领域，将英语能力薄弱但技术能力较强的员工用于研发部门。

语言能力是华人企业家融入加拿大文化的决定性资本，在文化融合的过程中始终起着非常重要的作用。访谈中，一部分华人企业家是 21 世纪来到加拿大的。他们富于首创精神，英语口语能力也明显强于一般的中国移民。实际上，他们在国内，就已经具备多年用英语交流的经验。但他们也坦言，在进行高层管理工作时，其英语交流能力仍有很大不足。尤其是和潜在客户进行交流、建立业务关系时，需要综合的交际能力。这就意味着他们要了解客户的文化背景和习俗，唯有这样，才能更好地理解客户和满足客户提出的要求。

根据加拿大移民局（1996）公布的移民融合的基本原则，文化融合是一个双向过程，包括移民通过自身调整来实现融入加拿大的承诺，以及加拿大广大人民通过调整以适应新来的社会成员以及他们相应的文化。访谈中，针对文化融合问题，华人企业家也展现出与其他类型移民较为不同的一面。一般情况下，移民在面临文化冲突时，多通过自身资本的重塑来促进自己融入当地社会文化。但是，华人企业家多认为这样的单向努力只能导致华人文化在西方文化面前处于弱势地位，他们更倾向于对加拿大本土居民施加影响，使其能够通过自我调整来适应中国文化。

第三节　加拿大华人企业家中国精神传承

通过前两节关于加拿大华人企业家精神的调查研究和专题访谈情况的介绍，我们可以从其研究结论中分别得到一定的启示。本节将分别对调查研究和专题访谈的结论和启示进行阐述。通过总结，我们发现，中国精神与加拿大华人企业家精神之间存在着深刻的内在联系，中国精神对加拿大华人企业家精神的形成具有很强的根源作用；反过来，加拿大华人企业家在中国精神方面起到一定的传承作用，在传播中国文化方面也发挥着重要角色。

一、中国精神与加拿大华人企业家精神之间的关系

通过对研究结论的总结，可以看出，中国精神和加拿大华人企业家之间的关系是双向的：一方面，中国精神的各个维度与加拿大华人企业家精神之间高度相关，中国精神可应用于企业家经营实践的各个领域；另一方面，华人企业家在传承中国精神和传播中国传统文化方面起着重要作用。具体可表示为图 4.1。

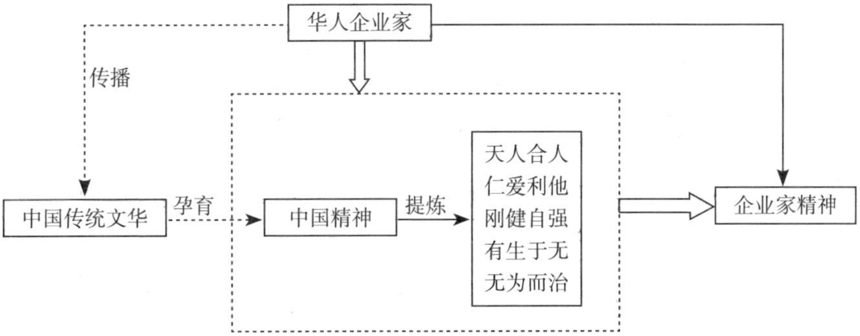

图 4.1　中国精神与华人企业家精神的关系图

二、加拿大华人企业家精神调查研究的启示

将天人合一思想应用于企业文化建设，主要体现为两个方面：一是要树立系统的企业经营理念，正确处理企业自身利益与消费者的正当需求以及社会整体利益之间的关系，做到诚信经营、统筹兼顾，求得多方利益的和谐统一；二是要制订科学适宜的发展方向，合理利用自然资源，注意维持生态平衡，注重环境保护，营造和谐共生的生态文明社会。企业所创建的文化必须顺应自然规律，与企业外部环境关系和谐；要与时俱进，与企业长期发展战略关系和谐；也应适宜本企业特点，与企业内部条件关系和谐。

天人合一思想也有助于企业制订合理的战略规划，主要体现为企业要根据内部条件和外部环境，制订可持续的企业战略。企业战略是公司长期性、整体性、系统性的计划，要制订协调顾客、企业与社会三者关系的企业战略，以保证公司持续的竞争优势。此外，随着企业外部环境及内部条件的变化，企业的战略也应随之发生变化，不断进行更新。企业家作为企业的领头羊，应着眼大局，全盘考虑问题，并能准确识别出即将面临的风险和机遇，并由此做出相应调整。

作为现代的企业家，应该认识到企业的使命，除创造利润外，还肩负社会责任。企业经营是从社会上调用人、财、物等资源，通过提供产品或服务，以实现客户、员工、投资人、社会大众利益最大化为使命的事业。在获取经济效益的同时，企业应注重社会效益。只有将“以人为本”作为企业文化核心价值理念的企业家，才能创造企业的竞争优势。企业实行“以人为本”，首要的是在企业内部的以人为本，即尊重人的地位、人格和权利，尊重人的知识和才能，尊重人的创造和劳动，从而使企业具有强大的生命力、创造力、竞争力和凝聚力。

刚健自强思想可用于帮助企业增强核心竞争力。经济全球化导致资源在世界范围内的流动和优化配置，企业之间的竞争无处不在，绝不仅限于同一地区、同一领域和同一行业。企业核心竞争力是企业长期形成的、蕴涵于企业内质中的、独具的使其在竞争环境中能够长时间取得主动的核心能力。核心竞争力一方面和企业的战略规划、产品功能、正确决策、品牌影响力有较大的关系，另一方面与企业的内部文化有关。在增强企业经营管理能力、提高企业核心竞争力的同时，更重要的是要懂得对自身和员工进行精神管理，确保每一位员工保持较高的工作热情和工作满意度，使员工上下一心，为企业的发展目标而努力。

有生于无思想实际上主张的是一个从无到有、由弱转强、由小到大的创新过程，可以帮助企业激发企业经营管理者和员工的创新意识。这里的“有”可理解为硬件，“无”可理解为软件，如思想、精神、文化、形象、服务理念等。一切创新都首先来源于思维的创新，即以对旧事物的怀疑或否定性评价为前提，或以事物的零起点为前提，提出关于新生事物产生和发展的新理念。以技术创新为核心的全面创新，包括理论创新、制度创新、组织创新、管理创新、产品创新、服务创新、营销创新等所有层面的创新。对于企业来说，就是要使企业文化理念不断进步，企业技术不断更新，企业产品不断更新换代，企业优质服务不断提升，企业品牌不断升值增辉。

“无为而治”并非排斥一切管理行为，只是说不要“为”得太多、太滥，应当有所为，有所不为。它只是要“为”得相对少一些，不要任意地“为”。一个人的能力和精力是有限的，能力再强的企业家，也不可能一个人做完所有的事情，所以就要求企业家发挥道家“君无为而臣有为”的管理思想，授权员工负责胜任的工作，不要横加干涉。这样，一方面增强了员工的自主能力和创造能力，另一方面，企业家可以获得更多的时间去思考宏观的战略目标和发现良好的商业契机。

三、加拿大华人企业家精神专题访谈的结论

马斯洛（Maslow, 1968）认为，认同和归属感是人性的必然需要。身份认同问题始终伴随移民的整个融合过程。一旦进入一个新的社会，移民们都会努力获得认同。身份认同首要的就是文化认同问题，而文化认同由移民的个体属性、历史文化以及发展前景所决定。华人企业家移民通过提升自己的经济和社会地位而达到自我实现，获得加拿大政府和本土居民的认同。同时他们始终对中国文化饱含热情和自信，其作为炎黄子孙的民族认同十分坚定。访谈中，我们发现，多数企业家都对中国传统文化表示认可，加上故乡情结等因素，他们心系祖国大陆，热衷于华人事业，更有意识地涉猎中国文化、建立华人社团、组织华人活动，以此来保护当地华人文化。

通过访谈，我们不仅可以从华人企业家自身的经历看出其对中国传统文化的认可，也可以通过他们的言谈发现其具备的中国精神特质。他国创业，成功并不是一蹴而就。部分企业家并不像企业家移民一样，在移民前就已具备很强的经济实力和创业基础，一些企业家经历了很长时间的摸索和准备过程。在此过程中，他们体验了求职的艰难和挑战，承受着来自社会和家庭的压力。很多华人企业家在创业过程中，会承受各种各样的痛苦，有的甚至还经历过破产。但是他们大多凭借着自强不息的精神和不服输的韧劲扭转了困境，或者通过二次、甚至三次创业来重获成功。

华人企业家对于中国精神的传承，更多地还体现在他们对员工的精神管理和对子女的教育方面。他们在企业文化中融入中国文化的特有元素，这使得华人员工在很大程度上得到了归属感，也使白人员工和其他族裔的

员工充分感受到中国文化的魅力。中国人特有的宽以待人的特质，在企业家的领导和管理风格中得到充分体现，他们多以员工为本，在激励员工时，物质奖励和人文关怀兼备，这对企业文化的建立和员工凝聚力的提高产生了积极的影响。

访谈中，子女教育也成为备受企业家关注的话题，很多华人企业家希望自己的子女不仅要拥有中国人的面孔，更要有中国人的头脑，懂得中国人的文化，具备中国人的思维。他们希望培养子女的中国心，留住“中国根”。他们鼓励孩子学习中文、结交中国朋友，教育孩子要懂得谦卑和包容、乐于助人；他们会带孩子回国探亲、旅行，甚至有一些企业家的子女还作为交换生回到中国深造学习，等等。

此外，华人企业家在获得成功的同时，还积极履行社会责任。他们努力回报社会，不断参与当地慈善和公益事业，得到当地政府和人民的高度认可和赞扬。他们在加拿大参与华人事业，建立华人团体，维护华人利益。同时，他们心系祖国，始终关注中国的发展，在增进中加之间经济交流和合作方面做出很大贡献。中国取得的成功，他们感同身受；中国发生灾难时，他们积极捐款，并发动广大华人进行募捐。

四、加拿大华人企业家对中国文化的传播

海外华人日益成为传播中华文化的重要力量和推动中外文化交流的重要桥梁。加拿大华人企业家身上所体现的中国精神，在加深世界对中华文化的了解和认同方面发挥着日益重要的作用。加拿大华人企业家在推进中外文化和经济交流的过程中具有天然的优势。首先他们具有中华血统，具有家国情怀。其次，他们在国内都有亲属，对中国文化有一定的了解，更容易融入中国社会，认同中国人的价值观。再次，他们中有很多在中国还

有产业基础，而且熟悉当地文化、环境、法律，并在当地创立了企业，成为中外交流合作的重要节点。

1. 凝聚华人社团组织

华人移民到达目的国后，由于其华人血统，或者为了寄托乡情和加快与当地社会文化的融合，会根据自身的需要和特点组建或加入当地的华人团体，这些团体包括以社会阶层、职业类别为基础的团体和以鼓励和支持参政为目标的团体；也有文娱、体育和慈善方面的团体。华人组织通过不断打破地域、文化及政治背景等方面的隔阂来增进华人社会的凝聚力，维护华人合法权益。

加拿大华人企业家，以其较高的经济地位、社会地位和感召力，在当地创建和捐助了许多华人社团、协会或组织。在加拿大大温哥华地区，最为有名的华人组织是 1989 年成立的列治文华人社区协会（RCCS），该协会长期致力于保持社区内华裔居民间的联系和沟通，与市政府及社区中重要的非华裔人士团体协办各类有关中国文化的节庆活动，其运行和服务经费来源主要是各种筹款活动和华人企业家的捐助。

2. 继承中国文化传统

加拿大华人企业家虽身居国外，但他们不忘中国习俗，对于中国传统文化饱含热情。他们乐于接受中文教育，喜欢解读中国历史，爱好中国传统文学和艺术，始终保持着中国传统文化中的习俗或者宗教信仰。作为公益事业的一项，很多华人企业家在保护中国传统建筑、举办记录华人文化的活动、开展中国节庆活动方面做出了巨大努力，以此弘扬祖国传统文化，促进中西文化交流。

例如，已故的加拿大第一位华人省督林思齐，在温哥华唐人街捐款建修了中山公园、苏州花园等建筑，并兴建了一所龙舟中心。加拿大华人移民也会举办各种活动，希望通过自身的努力使中国文化能在异国他乡得到传承。中华文化中心还举办了“唐人街今昔”图片展，反映温哥华唐人街百余年的沧桑变迁。历经126年的发展与变化，目前的温哥华唐人街已是北美第二大唐人街，成为具有厚重历史沉淀的中华文化象征。

3. 引领华文媒体发展

海外华文媒体在传播中国传统文化的过程中起到了积极的引导作用，是沟通中国与世界、促进中华文化传播的重要力量。海外华文媒体在繁荣华文文学创作、推动华文文学翻译、促进海外华人社会团结、维护海外华人利益等方面做出了重大贡献。有关数据表明，海外华文媒体有500多家，并日益成为影响国际舆论的一支重要力量；华人企业家注意到华文媒体的发展潜力，开始投资或创办一些较有影响力的媒体组织。

在加拿大，由华人企业家经营的华文报刊有40多家。每天的发行量在10万份以上的报刊有《明报》、《中华导报》、《星岛日报》、《世界日报》、《环球华报》。其中一半以上都开设有专栏，刊登丰富多彩的华人文学作品，包括小说、诗歌、散文和其他文学体裁。这些华文报刊在发展中华文化、传承中国精神过程中扮演着不可替代的作用。华文报刊行业的空前繁荣促进了大批杰出华人作家的涌现，如余兆昌、洪云国、叶嘉莹、孙博、陈洁泉、刘思琴、李彦、李斯嘉、崔维新、张翎等，他们已成为在加拿大传播中国文化的重要力量。

4. 支持华文教育建设

加拿大的华文教育始于1899年，至今已有百余年历史，在曲折中发展，并取得了巨大成就。随着大量新移民的不断涌入，学习和使用华语的人数不断增多。尤其是在实施多元文化主义政策以来，华文教育开始在加拿大受到重视。华人企业家十分珍惜这一发扬中华民族文化的机会，积极响应加拿大政府的华文教育计划，在发动华人社团及热心人士对华文教育提供捐助和支持方面的作用也逐步加大。

加拿大的华文教育主要通过公共教育体系、中文学校、孔子学院三类教育机构实施。据不完全统计，目前加拿大由华人企业家开办的华文学校有 100 多所。各具特色的华文教育已成为加国学习汉语、了解中国的重要途径，对加强当地汉语学习、促进中加两国相互了解和文化交流做出了重要贡献。此外，家庭也是开展华文教育的重要场所，很多华人企业家希望自己的子女学习中文以及中国文化，可以说，家长对其子女的中国文化传承发挥着潜移默化的影响。

第五章

中国精神对加拿大华人企业家的正影响

作为商业移民的主力军，华人企业家在加拿大这一极具挑战性和竞争性的西方社会里，充分发扬着中国人血脉中蕴含的顽强拼搏精神，不断克服中西文化差异带来的重重困难，坚定执着地前行。他们走出国门，开创一番崭新的事业，体现人生的价值，实现各自的梦想。他们取得的辉煌成就在令加拿大本土居民感到震撼的同时，也使他们感受到了一种无形的压力。

加拿大华人企业家的奋斗历程充分证明，华人凭借着他们独有的精神和魅力，完全具备自立于世界民族之林的能力。在艰难的创业、企业经营管理活动以及家庭教育等各个方面，他们都践行着中国精神。他们将中国传统文化的哲学和理念充分融入企业文化建设和员工精神管理的整个过程中。同时，在教育子女方面，他们不希望流淌着中国人血液的下一代成为“bananas”，即外表黄色皮肤，内心却完全西化的人。他们试图将中华民族的精神一直传承下去，使自己的子女具备中国精神所包含的优良品质，保持中国人的风采。

本章选取 7 位华人企业家和 9 名华人企业家子女的访谈资料，并根据华人企业家不同的奋斗历程和各自的感受体验进行梳理，分别从移民和创业前期的艰辛历程、日常经营中的员工管理、家庭中的子女教育三个方面，阐述中国精神对这些华人企业家产生的正影响以及在他们身上体现的传承。每个访谈案例以受访者自述和著者评说交替结合的形式来体现，尽可能使访谈内容原汁原味地呈现在读者面前，从而引起读者共鸣和深思。

第一节 前期的艰难路程和自我挑战

异国创业，并非易事。在加拿大华人企业家中，有一部分人一开始只是抱着强烈的创业想法，并不具备强大的经济实力和创业基础。所以，他们一旦决定开始创业，就必然会经历漫长的前期准备和探索过程。在此历程中，他们多数体验到了来自加拿大职场的歧视以及由于学历问题、语言不足、文化冲突等客观原因导致的求职艰难和挑战，同时也承受了来自家庭的极大压力。面对重重阻碍，他们并没有妥协，凭着不服输和不言弃的精神，不断克服困难，超越自己。

很多华人移民来到加拿大以后，并非直接开始创业，而是为了生存，先找一份稳定的工作，在工作中他们不断摸索，积累经验和资本，并最终开创自己的企业。在起初的求职过程中，他们都受到了不同程度上的冷落和歧视，总是得不到平等的就业机会。产生这种情况的首要影响因素就是学历——即便在国内已经取得知名院校的学位和学历，但是由于中国的学历在国际上认可度极低，他们在加拿大求职时，公司总是会要求华人拥有加拿大本土学校的学历才会对其认可；第二就是语言能力——英语水平不过关，与人沟通交流就存在很大障碍，好多人在国内时的英语成绩很好，但由于缺乏语言环境，来到加拿大以后根本无法和当地人正常沟通，加上文化的差异，就连简单的幽默笑话都难以理解；第三就是心态——在加拿大职场，不论学历高低，只要你具备真正符合当地市场需求的能力就能被雇用，而很多人在移民之前虽有着很高的学历、非常专业的技术水平，但移民到加拿大之后，他们的学历和专业技能却不能得到认可。这也容易导致新移民们产生心理落差。

一、“白眼”中成长的房产公司创业者

夏俊（化名）是来自中国大陆的华人企业家，于2006年移民到加拿大，在温哥华地区经营着一家房地产中介公司。当时，夏俊和一位好朋友一起移民到加拿大。朋友家庭条件很好，刚到不久就开始直接选择在加拿大当地攻读MBA（工商管理硕士）学位，而他的想法则是先在加拿大找个工作稳定下来。

“开始找工作时所遇到的坎坷和波折，所遭受的白眼和嘲讽，是我终身难忘的回忆。在求职期间，我做过很多种临时工作，打了各种零工。我曾在饭馆刷过盘子、切过菜，打扫过卫生，做过收银员，还在物流公司送过快递。

“我一直认为，男性找工作要比女性更容易一些，但在加拿大并非如此。事实上，很多工种更适合女性做。虽然自己出国前已取得硕士学位，但不是加拿大大学的学位，求职时不会得到认可。所以我用了一年的时间，在加拿大攻读了商务领导力硕士专业，又考取了当地地产经纪的执照。拿到学位后，我在温哥华的一家房地产公司找到了工作。半年后，凭着出色的销售业绩，晋升为销售部主管。随着客户和人脉的慢慢积累，我开始变得自信，觉得自己完全有能力创业，可以在加拿大的房地产行业大展拳脚。此时此刻，再回想起当初找工作时的困难，我倍感欣慰。很多公司在面试时都会询问求职者有没有工作经验，有没有当过志愿者，有没有加拿大大学的文凭，这些都是新移民所不具备的。但我从来没有想过要放弃，跌倒了就再爬起来。我坚信，只要相信自己，就一定能够获得成功。”

当然，除了学历之外，语言能力的缺乏也是求职的一大障碍。语言能力包括语言本身的因素在内，比如口语的熟练程度、语言表达能力、沟通策略、人际交往技巧以及适应当地文化习俗的能力。华人在英语语言能力方面的欠缺，使得他们在加拿大职场很难得到肯定和晋升，成为他们个人自我实现过程的绊脚石。但是，他们身上独有的中国人所具备的不服输的精神以及知难而进、迎难而上的奋斗精神促使他们不断寻求解决问题的办法，不断力争上游，不断创造奇迹。

二、克服“哑巴英语”的女餐馆老板

王兰（化名）是2000年移民到加拿大的，现在已经拥有了一家自己的中餐馆，并经营得颇具规模。

“直到近几年，我才真正觉得自己取得了一定的成功。我来到加拿大的前六年，其中四年时间都是在上学，两年时间在找工作。找工作的过程非常痛苦。我的主要问题就是中国人的‘哑巴英语’——听、读、写这三方面都没有任何问题，唯独‘说’这一项太弱。我之前在国内缺乏这方面的锻炼，在加拿大读大学期间也只是和中国留学生打交道，没有重视这个问题，所以在找工作期间，很多次的面试失败都归咎于此。

“直到我来到之前工作过的一家酒店面试。面试之前，他们通知我第二天和他们一起去一个地方旅游，这样独特的面试方式让人感到放松。在接下来一天的接触过程中，有两个人对我进行了提问。由于氛围比较轻松，我在用英语表达自己想法的时候也顺畅了不少，语句也相对流利了许多。最终我获得了面试官的认可，得到一份工作。后来，我一直很努力地提高自己的英语水平。其实，文化差异也曾经是我求职受挫的一大原因，比如“什么是冰球精神”，这些都是关于加拿大当地文化的信息，我完全没有概念。

“实际上，我现在招聘员工时，同样把语言能力看得很重，哪怕只是招一个服务生，语言能力也很关键，而且仅仅有英语能力也是不够的，还要懂得加拿大当地的社会与文化。据我观察，凡是英语和文化概念较强的员工，总是能够为顾客提供令人满意的服务，尤其是更容易获得西方顾客的高度赞扬。”

华人移民的英语交流不仅是一个简单的语言行为，而且是一种跨文化的人际交流和社会实践。在加拿大，英语语言能力是参与团队工作的首要要求，被看作是一项十分重要的技能。受到语言沟通和文化差异的制约，加拿大华人在求职过程中到处碰壁，甚至在面试对话时受到嘲笑和歧视。种种困难导致加拿大华人无法实现自己的梦想，即使是自己十分擅长或者自身专业领域的工作都很难找到。

从以上两位企业家创业以前的坎坷求职经历中可以看出，英语语言能力和文化差异，在一定程度上阻碍了加拿大华人的求职过程。但是，他们都凭借着坚持不懈的努力和顽强拼搏的精神，不断提高语言理解能力和会话水平，努力了解和适应当地文化风俗，快速调整自己的工作方式和思维方式，最终获得求职的成功，并为之后的创业路打下了夯实的基础。在此过程中，心态和信念至关重要。面对当地人的排斥和嘲笑，有些移民慢慢变得自卑，他们怀疑自己的能力和中国文化，最终一事无成。但是成功的华人企业家则不然，他们骨子里持之以恒、自强不息的精神，一直支撑其走出艰难的境地。

三、越挫越勇的大学副校长

2005 年，罗杰（化名）以技术移民的身份来到加拿大温哥华。来到加拿大的前两年，他一直都在找工作。接下来的两年上学，然后在一所大学的国际部工作，现在自己成立了一家技术培训学校。

初到温哥华时，罗杰安顿下来后的第一件事就是找工作，但是不久就遇到了困难。移民加拿大之前，他期望自己能够在大学里找到一份处理国际事务的工作，这样既可以发挥自己的专业特长，又能为中国学生提供便利。但真正来到加拿大之后，他才慢慢意识到求职的困难。他曾先后给30多所大学发过求职申请，但只有三所学校通知他去面试，而这三所学校最终也都因为他没有加拿大的学位拒绝了他。

“去第一所学校应聘时，有两位老师对我进行了面试，我首先介绍了自己的个人情况。我介绍自己英语能力很好，雅思成绩7.5分。我告诉他们我是中国‘211’大学的本科毕业生。当时有人非常疑惑地问什么是‘211’大学，我就给他们解释了中国大学有关于‘985’、‘211’和一般大学的分类。面试官只问了我一句：有没有加拿大学校的学位？我回答说没有之后，面试官客气了几句就结束了面试，然后就没有音讯了。第二所学校的面试，当面试官得知我的专业是教育学时，就问我是不是加拿大高校的教育学位，我说不是，面试官的态度直接就变了，然后又是漫长的等待和最终的拒绝。最后到第三所学校的面试，自我介绍环节，我只讲到一半，面试官就打断我，问我有没有加拿大高校的学位，我说没有。就这样，三所学校的面试全都无疾而终。”

沮丧之余，罗杰开始寻找出路。他申请了加拿大当地的一所大学攻读硕士学位。在两年的研究生学习期间，他着重于提高自己的英语口语能力，通过参加各种社团活动广泛结交朋友，参加各类聚会，不仅英语水平有了质的飞跃，对当地的风土人情也有了更深入的了解。

“屡次的求职失败让我备受打击，但我也开始反思：中国移民在国内获得的学位，其价值在加拿大会大打折扣，根本得不到认可。为了在加拿大找到合适的工作，我决定考取加拿大的学位。经过自己的努力，我凭借较高的英语成绩，考上了西蒙·弗雷泽大学（Simon Fraser University），攻读教育学硕士学位。两年后，我成功拿到了硕士学位。”

毕业后，罗杰重新开始申请高校国际部的工作，不过这次不再只是申请知名大学的国际部，也开始向学院、私立学校等投递简历。最后，经过漫长的等待，他终于获得一份满意的工作。

“2009 年底，我来到一所大学的国际部参加面试，并且一次性获得 offer（工作机会），后来我成为该校的副校长，这在华人的成长经历中是很少见的。我在加拿大的前 4 年，是挣扎的 4 年。回顾我自己的经历，我总结出：不论什么时候都应该保持乐观，只有这样才能一步一步地获得成功。我经历过多次失败和挫折，每一次的申请求职失败，都会让我伤心失望。不过消极的情绪总是短暂的，我从来没有怀疑过自己的努力，也没有放弃自己的追求。我对自己从事的工作保持高度的热情，我锲而不舍地追求自己的梦想。经过百般的挫折和千辛万苦的努力，我终于改变了别人对我的看法，获得了认可和尊重，实现了自己的理想。在前两年找工作的期间，有很多人劝我放弃，让我试着去做别的工作。但是我坚信当别人劝你放弃的时候，成功就离你不远了。我的心得体会就是为了实现自己的梦想，就应义无反顾的坚持，坚持到底就是胜利。”

四、从头再来的美术副教授

李哲（化名）于 2002 年作为技术移民来到加拿大温哥华，一家三口有说有笑，远渡重洋，落地加拿大。移民前，他是国内一所大学美术专业的副教授。他们最初移民加拿大的目的很简单，就是想为孩子创造一个良好的学习环境，给孩子一个幸福的童年，而不要同许多中国的孩子一样，每天为了完成作业而绞尽脑汁，早出晚归，只是为了学习而学习，背离了学习的本质，丧失了学习的乐趣。移民加拿大的愿望是美好的，可是他并没有想到移民这件事的复杂性和难操作难度，同时也完全低估了华人移民在加拿大求职的难度。在没有做好充足准备，甚至没有经过任何专业语言考核的情况下，他们便举家直接移民到了加拿大。他完全没有想到，在中国身为副教授的他，在加拿大找到一份体面的工作竟是如此艰难。最初的几年，夫妇两人一直都是挣扎度日，他们所体会到的巨大心理落差和遭遇到的艰难困苦，是常人所无法想象和承受的。夫妇俩忍辱负重、委曲求全、从零开始，凭着坚韧不拔的精神和超乎常人的毅力，努力打拼，最终走出了生活和工作的困境。如今，他重拾自己的专业，在温哥华地区素里市（Surrey）成立了自己的设计公司。访谈中，李哲谈及自己移民之初的经历，感触颇深，甚至几度哽咽。他们夫妇二人的遭遇与坚持，打动人心，催人泪下。

“在来加拿大之前，我和我爱人的工作都比较稳定，收入相当可观。但是考虑到下一代的培养问题，我们决定辞职，带孩子移民到加拿大。当时我 30 岁，孩子只有 3 岁。现在孩子已经读初中三年级了，总体来讲，孩子在加拿大社会的融入还是不错的。从幼儿园到小学，再到初中，这一路来，他的英语成绩很优秀，时常还会教我们一些口语。但由于我们年岁相对较大，所以对语言和文化的接受程度相对较低，有些困难。

“当时我们放弃了自己稳定的工作来到加拿大，想的是在这里找到一份适合自己的工作，同时把孩子培养好。可是真正到这边以后，我们发现面临的困难是无法想象的，深切地体会到英语中‘unbelievable’（令人难以置信的）这个词的含义！我是美术副教授，实际上我学的专业是视觉传达，当初想在温哥华地区找一个学校来教书，后来发现这几乎是不可能的。即使人家给我这个机会，我也胜任不了，因为我没有语言能力，英文不行。我觉得自己根本学不好英语，更没有勇气去面试。

“这十多年来，我什么工作都从事过。来到加拿大的这些年来，我经历了很多难以想象的磨难，甚至还有过几次轻生的念头。在这里求职的期间，我有两次回到中国大陆都不想再回加拿大，回来之后我又回去，回去之后又回来，不断反复挣扎。我在公园里给游客画过画像。每年，我都盼着夏天的到来。因为夏天人多，各族裔人群都会聚集到公园里来，生意也很好。我也干过体力活，当过伐木工人，给别人修理庭院、围墙等。

“我做的最多的就是到餐馆打工。我想我还年轻，身体好，就直接去应聘刷碗的工作。可是，刷碗这种工作并不是我们想象中的在水池边刷碗就行了，这是一项劳动强度非常大的体力活。满满一车的碗碟推进来之后，首先是要放到水池清洗，冲干净后，再把碗碟码放到洗碗机进行消毒和二次清洗。我当时负责三个洗碗机，洗碗机工作结束之后还要把碟子收好放到柜子里，然后再把新冲好的碗碟放进洗碗机。就这样循环往复，一刻都不停歇。每当我刚刚刷完第一车的碗碟想要休息一会儿的时候，第二车碗碟马上就又推了进来。一整天，我一直都是弯着腰，没有任何喘息的机会。一天下来，浑身就像要散架了一样，晚上连床都爬不上去。这样的工作并不是大家想象得那么简单。干一两天可以，不能长期做。

“过了一段时间，我又和爱人去送pizza外卖。有一次下着大雨，我骑着单车送pizza，被淋了个落汤鸡，订单也在慌乱中搞丢了。我找不到客户的家，但又担心pizza被弄湿了，只好将衣服脱下来盖在pizza上，真是叫天天不应，叫地地不灵。最终，我因为拖延了送达时间而遭到顾客的投诉，很快就被公司炒了鱿鱼。在我最困难的时候，曾经有人把我介绍到一家华人超市工作，在那里卖肉和海鲜。其实就是当地人说的“耍大刀”的工作。可一想到自己曾经是大学的副教授，此刻却要站在那里卖东西，我心里始终极度不平衡。

“我的精神一度几近崩溃，想到自己在这里浪费生命，如同行尸走肉一般，我十分痛苦。我曾祈祷上帝给我帮助，可是圣经里有一句话叫‘自助者天助’，我只有咬紧牙关告诉自己‘要挺住！为了孩子，为了家人一定要坚持下去！’好几年的时间里，刘欢的那首歌——《从头再来》一直支撑着我，给我力量：‘昨天所有的荣誉，已变成遥远的回忆。勤勤苦苦已度过半生，今夜重又走入风雨。我不能随波浮沉，为了我致爱的亲人。再苦再难也要坚强，只为那些期待眼神。心若在梦就在，天地之间还有真爱；看成败人生豪迈，只不过是从头再来。’多年以来，我反复吟唱着这首歌，深受歌词内容的影响，并常以此歌来激励自己。

“直到四年前，经一位朋友介绍，我开始与一家印染公司有了业务往来，获得这家印染厂的花布设计机会，主要是设计厂家需要的印染图样。这是我在加拿大开始的第一份正式工作。实际上，在之前的七八年间，我都没有正式的工作。朋友的雪中送炭，使我在寒冬腊月中感受到了春天的温暖。通过长期为这家公司进行设计工作，我也逐步了解了加拿大人的审美倾向和市场需求。

“现在我成立了自己的设计公司，同时也进行装潢设计。现在公司职员规模增加到几十位，有加拿大本地的白人员工，也有中国人，运转良好。到现在，我终于可以挺起腰板和大家说，即使是加拿大的白人来到我这里，也要经过我的面试，由我来决定是否录用他们。虽然我的英语没有达到他们所要求的那么好，可对于曾经苦苦挣扎过的人来说，现在的我，有资格来录用加拿大的白人，这是我骄傲的地方。

“再后来，经过一些中国教授的介绍，我作为兼职教师在大学给学生开设一门叫作‘中国国画艺术欣赏’的选修课。教学效果反馈不错。通过自己的劳动我有了自己的房子，生活质量也有了保证，我对现在的生活状态比较满意。

“在中国的时候，人们常说三十到四十岁是职业基本定向，四十岁到五十岁忙在事业上；可是我三十到四十岁是移民基本定向，四十到五十岁在风雨交加的移民路上，一路风雨兼程。回首这十多年，我感慨万千，但是我会继续奋斗，并向着未来更高的目标努力。”

五、吃苦耐劳的建筑公司老板

杨洋（化名）是温哥华一家建筑公司的老板，这位年轻的小伙子来自中国湖北。杨洋大学所学专业是土木工程，2000 年大学毕业后来到加拿大继续攻读建筑学硕士学位。当时由于家境并不富裕，他便利用每个寒暑假的时间打工。他在学校图书馆打扫卫生、在饭店洗盘子、在咖啡厅兼职小时工等，就是为了多挣点钱，自己解决学费和生活费，以减轻父母的负担。有一次，他经同学介绍来到温哥华郊区的一个农场做“提运营养土”的“提土工”工作。这个农场建有很多用来养蘑菇的蘑菇房，蘑菇房里有蘑菇床，蘑菇床上都铺有营养土来养蘑菇。平时农民们定期用剪刀采割蘑菇，每隔一段时间营养土的营养耗尽，就要铺一层新的营养土，而“提土工”的工作就是往蘑菇房运送营养土。

“营养土堆与蘑菇房的距离大约有一百米左右。一般情况下，每个人一只手提两个桶，另一只手提一桶。每个桶重 15 磅，大约 15 斤，三桶营养土将近 50 斤的重量，所以提土工的工作可以说是农场里最重最累的，一般会另找一些兼职工来做。刚开始干活儿的时候特别累，我每运送一次营养土，等在蘑菇床边的农场工人就会敲着蘑菇床催我把营养土倒出来洒在蘑菇床上。与此同时，在营养土堆边上铲土的工人又会敲着铁棍催促我快点回来装土。我就这样不停地来回奔跑，几趟下来，就出了一身汗，黑色的工作服都被汗水浸出了一层盐渍。这样上午、下午各干 4 个小时，虽然工资很高，但是这样高强度的体力活让我感到非常疲惫。我本想着应该趁自己还年轻，身体素质各方面还足够强健的时候，咬牙坚持多赚些钱。但是没想到，我只在农场干了一周就病倒了。”

这位年轻人不怕脏不怕累，就因为体力活工资高，他就趁着自己年轻身体好，在攻读硕士期间找了很多份工作，比如检修公园、刷房子、做木工活等。当他拿到硕士学位之后，很快就找到了一份与专业相关的地产经纪工作。不怕吃苦的精神让他无论做什么工作都身心投入，身边的同事们都非常佩服他持之以恒的工作状态。如今，他已经凭借自己坚持不懈的努力和多年来积累的人脉在温哥华创办了自己的建筑公司，生意做得红红火火。

“很多加拿大本土居民都说中国人肯吃苦，非常了不起，令人佩服。我想，加拿大的就业环境相对还是很公平的，一分耕耘一分收获。只要你肯努力，不怕吃苦，持之以恒，就能获得成功。自甘堕落、安于现状，注定会一事无成。每个人都有追求上进的权利和能力，只要努力奋斗，生活就不会亏待你。”

以上三个访谈案例，讲述的都是华人企业家如何克服困难、跨越障碍，逐渐融入加拿大多元化社会的真实事例。从他们的经历中，我们可以看到中国人勤劳勇敢、坚韧不拔的传统精神。成败往往取决于在关键时刻是否能够再坚持一下。我们要相信：无论做什么事情，只要凭着勇气和毅力坚持下来就能够成功。如果我们付出足够的努力，终将会达到目标，实现梦想。我们所做的一切努力和准备都是成功的前提，只要坚持下来，就有机会成功。这种勇气和毅力就是华人企业家身上所独有的闪光点和优秀品质，也是他们在困境中得以生存和发展的关键。华人企业家之所以在异国他乡仍能在“白眼”和“冷遇”面前泰然处之，并不断保持他们努力奋斗、重塑自己、获取成功的精神动力，便得益于这种深入骨髓的潜质，而这正是中国精神在他们身上传承的具体体现。

第二节　加拿大华人企业家的员工精神管理

企业家的成功除了得益于上述的学历、经验、语言技能等方面之外，管理也是一个重要的因素。良好的企业管理模式能够使企业的运作效率大大增强，指明企业的发展方向，使每个员工都充分发挥他们的潜能，为顾客提供满意的产品和服务，树立企业形象，为社会做出实际贡献。人才是企业和社会发展的核心。唯有人才，才能创造。对员工的管理是现代企业管理的核心，而员工管理的关键是对员工精神的管理，即有效提高员工的积极性。华人企业家在管理企业的过程中也意识到了员工精神管理的重要性，并在企业发展过程中自然地融入精神管理，用自己创业时期的拼搏、吃苦耐劳、勇于创新等中国精神和企业家精神感染员工、影响员工，以期获得更好的管理效果和企业绩效。

一、“自我管理”带动员工

2005年，李伟（化名）在西温哥华开办了一家小型电器公司，该公司如今已成长为温哥华地区知名的电器公司，专业生产和销售各种高质量的电器连接器、电子模块、电压保护系统等产品。

他曾就读于西安交通大学自动化专业，毕业后，就职于国内一家外资企业，从事产品研发相关工作。凭着过硬的技术知识和突出的工作业绩，他在公司脱颖而出，也因此被公司公派到国外学习先进的生产技术。在国外的半年时间里，李伟不断充实自己，积累了更多产品生产和销售的经验，也练就了很强的英语口语能力。2003年，李伟移民加拿大。两年后，他凭着自己的技术能力、资金积累和人脉，创办了自己的企业。

创业初期，凭着高质量的产品和较低的价格，公司很快拥有了稳定的客户群。但不幸的是，2008年的金融海啸波及了全世界，大多数公司不胜其寒，李伟的电器公司也受到了一定程度的冲击。很多企业都通过经济性裁员或经济性减薪战略以缩减公司损失，但是李伟并没有这么做。

李伟对员工有仁爱之心，这一点不仅影响了员工，也感动了他们的家属。公司销售部门的主管在创业之初来到李伟的公司，业绩非常突出。他多次受到猎头公司的邀请，而且对方提供的酬劳和职位也很高。面对行业的不景气和外界诱人的薪酬，他有了跳槽的想法，回去跟太太商量。他太太却说：

“我去过你们公司一次，在那里自然而然地会有一种家的感觉。我听你们李总介绍公司发展时，高度赞扬了你们的贡献。信任和宽和的老板，才是你可以为之效力的领导。而且你们公司在温哥华，地理位置很优越，好多人想在此扎根都没有机会，而你有这么好的平台，为何要放弃？”

在家人的劝说下，他取消了跳槽念头。

在公司的发展过程中，有员工因为家庭、搬迁等原因离职，到了比李伟公司大很多的加拿大本土企业工作，但这些员工也还一直和他保持联系，有的员工还专门写邮件表示：“感谢您给了我学习做人的机会。尽管离开了公司，但是您创新、吃苦耐劳、稳扎稳打的精神将陪伴我的一生。”这就是中国精神的魅力——企业家在自己践行中国精神的同时，也深刻影响着他人。正是李伟的这种仁爱精神，使员工将公司的目标视为自己的目标，心甘情愿地为公司发展努力拼搏。李伟的公司很快就从几十人的小公司一跃成为了拥有上千人的知名公司，并获得了当地政府的嘉奖。但随着企业的不断发展壮大，员工结构也相对复杂起来，加之又是在异国，必然会面临各种问题，但李伟在解决员工管理问题方面有自己独到的见解。

“在员工管理方面，我并没有完全照搬国外的管理模式，而是把中国精神作为企业可持续发展的智慧源泉，我认为中国精神是我们员工必须学习与传承的，并且应当融入企业文化建设和员工团队管理中。”

李伟公司的厂房墙上挂着“建国君民，教学为先”、“凡是人，皆须爱，天同覆，地同载”、“格物、致知、诚意、正心、修身、齐家、治国、平天下”等书法作品。公司大厅的液晶欢迎屏幕里显示的是《弟子规》的经句，到处彰显着中国传统文化，强调着中国精神。公司在新员工入厂初期，发给他们《弟子规》等书籍，并定期请专门的培训老师讲课、辅导，结合文明礼仪、奉献爱心等实际内容进行《弟子规》的传统文化学习。

“领导者要保持自己品行的端正，并以身作则。仁慈宽大也很重要，如果仗势强逼别人服从，对方难免口服心不服。唯有以理服人，别人才会心悦诚服，没有怨言。作为公司领导，就必须有仁慈之心。不能因为自己是上司，就对下属呼来唤去，甚至不把他们当人看。”

李伟将中国传统的奉献精神等优秀文化内涵引入企业日常员工管理中后，员工慢慢开始表现出对公司的忠诚和感恩之心，同时也提升了对社会的责任感。大家在工作中变得更加积极和主动，思想也在潜移默化中发生了转变。他们经常利用下班时间争当志愿者，主动去做回报社会的事情。

“在公司厂区一块绿地上，一套自动喷灌系统取代了原先的人工喷灌。不过，这套自动喷灌系统并非由公司投资建设的，而是由公司的几名员工主动设计和义务安装的。他们连夜画图设计，自己施工，每年为公司节约几千加元的水费。”

李伟在企业成长过程中树立了“行有不得，反求诸己”的管理理念，同时还强调遇到冲突要“自我反思、自我批判、从我做起”，从而在公司上下形成了全员“自我管理”的文化；同时，公司围绕“家文化”打造企业软实力，制度建设方面也体现“家文化”，创造和谐的企业文化氛围，建立和睦的员工关系，提升企业竞争力。

同时，他深刻懂得，企业家必须为其他管理者和员工做出表率，在企业中形成人人自我管理的氛围和环境，最终实现对员工潜移默化的精神管理。中国精神传承在李伟对员工进行精神管理的过程中，起到了很大的作用，同时也是他作为华人企业家组织管理公司过程中较其他本土企业家所独有的特点。可以说，中国传统文化为华人企业家及其企业开启了一个顺利通向未来的新途径。

二、“感动文化”激励员工

在温哥华唐人街内，有一家华人酒店，酒店设有中餐厅、西餐厅、咖啡厅、酒吧等，建筑和布局颇具特色，稳重典雅中透着浓浓的文化底蕴。这家酒店的老板王齐安（化名），于2000年移民加拿大，并创办了自己的酒店。早期的留学经历和酒店工作，使他积累了雄厚的资本和管理经验，在员工管理以及酒店业务创新方面，也独有一套自己的实践方法。

“每个企业应有自己的文化和精神，这样才能对员工起到熏陶和影响作用。企业精神是企业的感召力和精神支柱，可以使企业员工树立共同的理想和目标。企业精神一旦形成，就会形成一股强大的凝聚力。对于酒店来说，最本质的东西就是酒店的精神。在管理的各模块中，我最看重的就是对员工的精神管理。”

王齐安在员工管理中，注入了“感动文化”理念，其目的是激发员工创造感动，形成自我激励意识，从而进一步提升服务质量和顾客满意度。在员工精神管理方面，他采用了积分制自我激励模式，即把员工为顾客或同事做的好事，如为顾客提供使其满意的周到服务、主动为同事分担工作、为企业发展提出合理的建议并被采纳、善待父母等，折算成一定的分数累积起来，作为员工等级评定和奖励的依据。员工做的好事越多，建言献策越多，得到的薪资和福利就会越多。在生活方面，他对员工予以无微不至的照顾与关心，以此来激励员工。

“我们酒店建立了一些文体组织。通过组织各种业余文化团队，参加各种演出和比赛，既可以活跃员工文化生活，又可以传播酒店文化和企业形象。我们还注重关心员工生活，保护员工健康。酒店尽可能地提高全体员工的社会保障水平，解除他们的后顾之忧。公司坚持每年为员工安排定期体检，改善员工餐厅、公寓环境、设施。

“我要求各级管理人员在开展工作时，思路不能老套，要有创新精神；工作方式不能呆板，要新颖；同时，要关心、激励下属，急他们之所急，想他们之所想，设身处地为他们考虑。酒店的业务管理流程较为协调，每个环节、每道工序都有明确的标准，如果员工士气低落，工作就难以达到标准，就会引起顾客投诉；反之，如果员工精神饱满，工作效果就会顺利达到甚至超过规定标准，这样才能使顾客感到满意，甚至得到意外惊喜。”

王齐安把员工价值观的塑造、精神理念的形成作为员工精神管理的核心。他不断努力，以身作则，为员工做力所能及的事情，时常慰问那些家庭有困难的员工，并帮他们解决燃眉之急。

“感动文化在员工精神管理方面最起码可以起到四个方面的作用：第一是规范作用，可以约束员工，从心理上、行动上促使酒店每一名员工的言谈举止与酒店的行为规范的保持步调一致；第二是导向作用，可以号召员工，引导员工把个人的价值观与酒店的价值观、个人期许与酒店的目标同向而行；第三是凝聚作用，可以团结员工，用文化的力量使大家同心同德，将酒店的发展当作大家共同的事业；第四是激励作用，可以鼓舞员工，提升酒店员工的归属感、成就感与责任感，激励大家更加努力地工作。”

华人的思维倾向于群体意识，这对企业文化的有效内化具有一定的促进作用。中华民族具有相当感性的心理特征，中国人的“面子”观念，“家”的观念，都表明华人的行为与心理需要有很大关系。感动文化其实是运用了自我激励理论和情感管理理论的方法。通过外部刺激满足员工的精神需求，通过企业家个人魅力与企业家精神来影响员工。华人企业家事事为员工着想，特别是鼓励员工孝顺父母，团结其他员工，努力创新等，都是对中国传统文化和中国精神的宣扬，使员工具有依赖感和归属感，在异国他乡更能找到认同感和情感寄托。

共同的精神和思想是企业做大做强的前提，任何企业都需要共同的文化感召力、共同的信念和理想来增强企业的凝聚力。国外的华人企业在前进的道路上，必然会遇到很多新情况，需要应对各种难以预料的困难和风险。只有巩固和发展共同思想基础，弘扬和践行中国精神，华人企业家才能凝聚各方面的智慧和力量，抓住机遇，开拓进取，奋力把企业不断推向致高点。企业也只有形成荣辱与共的整体感，才能引导员工为企业的长期目标与整体利益而努力。

实际上，华人企业家这种将中国精神纳入员工精神管理的做法，是与世界接轨的。很多全球知名企业都已将精神管理融入企业管理中，并使其发挥了巨大的作用。例如，IBM 公司把自己的信念像教会管理一样制度化，形成了一家充满虔诚信徒的公司，员工把加入 IBM 比作参加教团或者从军。员工们的团结使公司更有内聚力和竞争力。在松下公司，每家下属公司都设有一个神社，专门用来供奉神灵。松下幸之助通过各种宗教活动，把宗教的各种教义、精神和企业巧妙地结合起来，然后传递给企业员工，使员工们相信工作的目的并不只为了个人和社团，更多的是追求生活的共同幸福。

第三节　中国精神之于加拿大华人企业家子女

访谈过程中，我们发现多数华人企业家对子女的教育问题十分关注，希望自己的下一代可以保持中国的文化传统和中国人的精神特质。因此，我们专门安排了一场针对加拿大华人子女，尤其是华人企业家子女的访谈。从这些华人移民子女那里，我们获得了大量真实的资料，充分展示了华人移民的后代对于中国精神的传承。鉴于访谈内容，我们所调查的加拿大华人子女，主要是初、高中生和大学生，年龄在13—20岁之间。他们一般都已具备自己的想法和价值观，有的更是对自己的思想有了深刻的认识，并能清楚地表达自己的观点。

探究孩子和学生情感的最好方式，就是和他们成为朋友。只有充分取得他们的信任，才能使他们保持放松的心情，做到畅所欲言。通过与他们分享彼此的生活经历和对中加两国文化的看法，我们发现，华人企业家子女从小就从他们父母身上感受到中国精神的魅力。他们的父母也无一例外地给他们讲述了中国的历史和文化，并且身体力行地为子女树立榜样，使他们耳濡目染中国传统文化。当谈到中国精神时，他们都滔滔不绝，这让我们深刻体会到华人企业家在中国传统文化方面对子女们的教育和熏陶。

一、父母的感染与培育

华人企业家移民加拿大之后，为了融入当地社会，不得不学习加拿大当地的社会文化和生活方式，他们的子女更是从小就开始融入加拿大当地的学习和生活氛围中。调查研究显示，大部分华人家长都没有放弃向孩子传授关于中国的知识和文化——从小就教他们学习母语，书写汉字；给他们讲中国传统故事。华人父母教育子女，无论走到哪里都不能忘记自己是中国人的根本，将中国文化切切实实融入他们的学习生活中。

Peter（化名）是温哥华本拿比（Burnaby）某中学一名九年级的男生，在母亲的鼓励和支持下，坚持学习中国汉字和中国传统文化。对他来说，讲汉语成为一种自然而然的事情。

“来到加拿大后，妈妈几乎每天晚上都让我写一页纸的中文方块字。她给我打好格子让我练习写标准的方块字。我已经这样坚持了一年多，妈妈经常表扬我，夸我的汉字写得漂亮。在练习中国字的过程中，我认识了很多新的词语，妈妈给我讲了很多关于中国文化的知识来帮助我理解词语的内涵。从上周起，妈妈还让我每周练一次毛笔字。说实话，我觉得同时学习英语和汉语是一件很头疼的事情。在家里，妈妈要求我说汉语，但在学校和同学们交流都得说英语。我每次说话之前都要考虑下说什么语言，有时候会把两者混淆。妈妈告诉我，虽然我在加拿大长大，但不能忘记我是中国人，中国人必须会说汉语、写汉字，不能被一时的困难吓倒，要有持之以恒的精神和坚韧不拔的毅力。于是，我努力练习，妈妈看到我的进步也很开心。加拿大本土的同学看到我写得一手漂亮的中国字，觉得很酷，都吵着要跟我学习中文和汉语。现在我特别喜欢用中文交流。我在学校还找到了一帮中国小伙伴，我们聚会时都是用中文聊天、做游戏、听故事，上周末我们还听了孔融让梨和司马光砸缸的故事。

Lisa（化名）是温哥华地区兰里（Langley）某中学10年级女生，她通过背唐诗学习中国文化。

“我已经来加拿大两年了，在妈妈的培养和教育下，我每天坚持背诵唐诗300首，现在我已经能够背诵30多首了。我认为只要慢慢坚持，就能把这300首唐诗全都背诵下来的。我只会背诵唐诗，但是其中的意思还不是很理解，因此妈妈专门请家教来给我讲解每首唐诗的内容。我觉得汉语真是神奇，有时诗词里面的一个字或一个词，它们描述出来的意境，是任何一个英文单词都无法表达的。开始的时候，我觉得妈妈对我要求太严格了，但是我现在越发对中国古诗感兴趣。我想我该写首诗感谢妈妈！”

二、自强不息精神

从对加拿大华人企业家子女的访谈中，我们可以清晰地感觉到他们拥有一颗中国心，他们为父母身上自强不息、不畏困难、奋勇向前的精神所折服，也很大程度上受到这种精神的影响和感染。Angle（化名）是温哥华地区阿伯茨福德（Abbotsford）某中学8年级女生，受母亲影响，她遇到困难从不气馁，而是迎难而上、意志坚强。

“母亲非常吃苦耐劳，早起晚睡，经营着一家小蘑菇房。每天早晨到蘑菇房种蘑菇、捡蘑菇，她总是一丝不苟地打理着蘑菇房，不知疲倦。她不断地改进蘑菇的种类，增加蘑菇的产量和销量来提高收益。有一次，蘑菇房面临资金问题，但她不肯向银行借款。当地人始终不明白为什么有人借钱给你，你却不要呢？但是作为家人，我非常理解母亲的想法。母亲认为，完全能够通过自己的努力而获得的东西，无需借他人之手。遇到困难不躲避、努力跨过难关的过程是很有成就感的。在她的教育下，我也潜移默化地受到这种精神感染。遇到困难，我都会选择迎难而上，好多同学都很佩服我这种精神。”

佛家精神中讲究逆境是“增上缘”，可遇而不可求。遇到困难时，重要的不是困难本身，而是你将用何种态度来面对，做何种努力来克服，而不要逃避，更不能放弃。多数人的失败不是因为他们无能，而是因为他们心志不专一。华人父母们吃苦耐劳和自强不息的精神深深地感染着他们的子女，教育他们懂得如何在逆境中奋勇前行，并体会到克服苦难的快乐。

温哥华地区本拿比（Burnaby）某中学 10 年级男生，Merric（化名）对此深有体会。

“我是在加拿大读的小学、初中和高中。在父母的培养下，我认为自己既具有东方人吃苦耐劳的传统精神，又有西方人一切靠自己的独立精神。父母常说‘学海无涯苦作舟’，这种精神一直影响着我。学习就应该刻苦，虽说加拿大的学校并不是非常重视排名，但我还是坚持刻苦学习，始终位列班级前几名。学习成绩优秀了，我的自信心也提高了”。

另一位在加拿大坚持努力学习的孩子是 Tim（化名），他是温哥华地区列治文（Richmond）某中学 10 年级男生。

“我最初来加拿大时是在初中一年级，父亲眼中的中国传统精神是‘吃得苦中苦，方为人上人’，只有努力，才能‘鲤鱼跃龙门’、‘光宗耀祖’。我受到他的影响，坚持刻苦学习，虽说不像在中国的时候那么辛苦，但是也在非常认真和努力地学习。”

在位于温哥华地区兰里（Langley）的西三一大学（Trinity Western University），我们遇到了 Elena（化名）。她 2008 年来到加拿大，现在即将大学毕业。刚到加拿大时，她还在读高中，当时遇到了很多困难。在中国时，她的英语成绩是班里最好的，使用英语进行沟通和交流也都不成问题。可来到加拿大后，她发现自己和同学的交流十分不顺畅，经常听不懂他们开的玩笑和讲的幽默故事，这令她感到非常沮丧。在一个完全陌生的环境里学习并适应新的文化，她感到无所适从、十分痛苦。后来，他的父母用心帮助她克服这些困难，向她讲述两种文化的差异，明白不同文化之间是如何融合在一起的。

“我努力寻找平衡两种不同文化的切入点：我既不能丢掉中国的传统文化，同时也要接受加拿大不同的思维方式和生活方式。在加拿大这个更具有挑战性和灵活性的竞争环境里，我一直坚持不懈地努力，克服了很多困难。我认为自己也传承着中国人血脉中的进取精神。后来我发现和加拿大的学生们一起生活、学习、交流逐渐变得没有那么困难了。”

在加拿大这个国度，只要有明确的目标并坚持不懈地为之努力，每个人都会有一定的发展空间，都能在自己的领域取得成功。Maureen（化名）是 13 岁时来到加拿大，现在是温哥华地区阿伯茨福德（Abbotsford）某中学 9 年级学生，她的性格很内向，初到加拿大时常常感到孤独。面对新的文化和环境，她开始有意识地参与学校的各种活动，主动与老师和同学交流。

“我是一年前来到加拿大的，在这里读初中。我的学校是一所加拿大本土子女占 90% 以上的中学。每天和加拿大的同学们打交道，接受的基本都是加拿大本土的西式教育，如‘个体独立性’，‘动手能力强’等等。最开始，我根本没有朋友，感到很孤独。当时自己的英语不好，虽然我在中国读小学时学习了几年英语，但这对正常的英语交流根本无济于事。在父母和老师的鼓励下，我主动和同学交流，慢慢变得不羞于用稍微蹩脚的英语跟他们讲话。当我敞开心扉、建立自信去与加拿大学生交朋友时，我发现没人会计较我的语言熟练与否。这样，从不适应到适应，我努力锻炼自己，交到了一些新朋友。课余时间，我也有意识地提升英语水平，向同学讨教并学习当地的文化和习俗。我认为，做好任何一件事情都要有坚持不懈的精神。尽管也有不顺利的地方，但是我从不放弃。我想这也算是对中国精神的传承。人生不会是一帆风顺的，难免碰钉子。只有我们勇敢地去战胜困难，才能自立自强。我为我的父母感到骄傲，他们在创业过程中充分体现了自强不息的中国精神。父母身上这种宝贵的中国精神一直深深感染着我，也一直激励着我去适应学校的生活。”

三、竞争精神

加拿大华人都认为拼搏、决不放弃是成功的关键。没有拼搏和竞争精神，就不能取得事业的成功。受加拿大众多冰球爱好者所感染，来自世界各国的移民也都喜欢这项加拿大特有的运动，甚至为之疯狂。如同足球在夏季奥运会占有很大分量一样，冰球是冬季奥运会含金量最高的体育项目之一。

Alan（化名）是我们访谈到的一位西三一大学（Trinity Western University）三年级学生。他在加拿大出生和长大，父母是90年代初以技术移民身份来到加拿大的。他从小在加拿大长大，由于汉语不够流利，他用英语表达了自己对竞争精神的认识，以下是译文。

“中国大陆的父母都鼓励孩子们应该具有中国女排的竞争意识和精神，而在加拿大，家长都鼓励孩子们要有冰球运动员的竞争意识和精神。我认为无论是中国女排，还是加拿大冰球运动员，他们间存在的很大的共同之处就是：争取自己的荣耀，为国争光；奋力拼搏，一争高下；从不放弃，时刻保持竞争状态。幼儿园、小学、中学，到现在上大学，我一直在加拿大的学校读书。我从小特别喜欢冰球，从小学一直到现在我都是学校冰球队的主力。我的志愿就是将来成为职业冰球运动员，冲向加拿大多伦多枫叶队（国家冰球队）。冰球运动最能体现竞争精神，教会我们如何在激烈的竞技体育中取胜。我觉得我们青年人必须学习和体会体育运动中的竞争性，以便在将来的事业中取得成功。我记得在2002年美国盐湖城举行的冬奥会上，加拿大男女冰球队在决赛中双双击败美国队而取得冠军。我当时虽然只有八岁，但是加拿大举国上下一片欢腾的场面深深地印在我的脑海里，并一直时刻激励着我。我父亲总是鼓励我积极参与竞争，并向我讲述他创业时期敢打敢拼的故事，这慢慢培养了我不服输的性格。冰球场上你追我赶的激烈竞争，是我非常享受的！”

华人企业家怀着对自己祖国深深的眷恋，对中国文化抱有难以割舍的感情。华人父母都竭尽全力想让孩子学习中文，留住中国文化的精髓。他们来到加拿大后都首先选择把自己的孩子送到当地的中文学校学习汉语，由于平日在加拿大的学校都是完全的英语教学，为了让孩子提高中文水平，有相当一部分的华人企业家把孩子送到中文学校，这一行为也受到了加拿大政府的鼓励。

加拿大是一个由多民族聚集而构成的国家，是世界各国多元文化交融的地区，政府鼓励各个族裔保持本民族的传统特色，并在此基础上相互融合，兼容并蓄，把本民族的文化带入加拿大并进一步发扬光大。加拿大的中文学校有政府办学的公立学校，也有个人创办的私立学校；从小学到初中、高中各种阶段的学生都可以接收。中国改革开放 30 多年来，世人有目共睹，国力影响也日益扩大。在海外，不仅中国人学习中文，不少亚裔国家的父母也把孩子送到学校学习中文，甚至还有加拿大当地的居民参加成人班学习中文。

中文学习对中国移民的子女来说，起到了延续中国传统文化的作用。方块字要写好，偏旁部首要牢记。在中文学校的学习，使华人子女能够继续传承博大精深的中国文化，弘扬中国的民族精神。通过这样的努力，第二代、第三代移民虽然能够说一口流利的英文，但他们并没有忘记方块字和中国的传统精神。加拿大华人企业家的子女在中文学校不仅能体会到加拿大西方教学以学为主的宽松自由模式，也保持了中国人勤奋上进的优良传统精神。与西方孩子相比较，无论是个体还是整体实力方面都处于优势地位。所以在加拿大人眼中，中国人的子女在学习方面都十分优秀，就像“天上的彩虹”。华人企业家这种融合中国精神和加拿大教育方式的行为，让子女们可以在无拘无束的环境中自由发展的同时，却不放任自流，依然保持竞争优势。

四、加拿大华人企业家对父辈中国精神感悟

Roger（化名）是2003年移民来到加拿大的，现在是温哥华地区列治文市（Richmond）一家企业的总裁。他移民到加拿大后，将父母也接过来一起居住。采访中，他向我们讲述了父母在困难面前如何坚贞不屈，勇敢正视艰难困苦的故事。

“我经常听父母讲到20世纪60年代末，全中国开展轰轰烈烈的知识青年上山下乡运动的事。他们17岁的时候，力响应国家大力提倡‘广阔天地，大有作为’的号召，父辈们带着心中的理想，义无反顾地走向贫困山区，走向原野。下乡的环境十分艰苦，父亲常常说起他在那里尝到了命运多舛的滋味，但是，这段经历也培养了他的适应能力，锻炼了他的意志。即使在最艰苦的时间里，他也怀揣着自己的理想。在劳动之余，凭借着对知识的渴求，始终坚持学习。父亲的这份努力和坚持最终得到了回报。1976年，文革结束后，知识青年陆续返城，中断了10年的中国高考制度得以恢复，中国也开始进入尊重知识、尊重人才的环境。父亲终于实现了自己的梦想，于1977年如愿考入了理想的大学。就这样历尽艰辛和磨练，父亲进入梦想许久的象牙塔。毕业后，父亲被分配到工程水利部门工作。那时已经进入了改革开放的时代，新中国翻开了新的篇章。”

“父母经历了革命的理想主义，又经历了广阔天地四海为家的非常现实的种种磨砺，是非常成熟的一代。他们带着梦想，克服苦难，始终为自己的梦想努力着。现在他们来到加拿大，也面对了许多困难，但对他们来说这些困难远比不上当年在上山下乡时遇到的困难。无论什么时候，他们都对祖国充满信心，关心祖国的未来和建设，这些都是他们克服困难的动力，这也是我们这一代和我们父辈的中国梦。”

第六章

加拿大华人企业家的自我实现

由于信息化浪潮的冲击，人们对于外部信息的获取和处理方式发生了根本性变化。出国或移民，不再是漫无目的的行为，人们也不会在对外部世界一无所知的情况下盲动。这种行为也不再是一种悲惨的、无序的行为，而是有规划的、追求幸福的行为。另一方面，如果没有人流和物流的自由融合，实现资源在全球范围的优化配置，那么全球化福利就无从谈起，人类也不会走向全球化。从这一意义上讲，企业家移民堪称全球化作用的重要方式，同时也是全球化福利的具体体现。相对其他移民而言，华人企业家在经济资本和社会资本方面具有较为明显的优势，但他们在自己的奋斗过程中，也曾经历了许多的艰难困苦，也曾面临文化碰撞与融合的难题。

本章首先对两位杰出的加拿大华人企业家——何国源和方君学，进行案例分析，通过剖析其成功的创业和经营管理实践，揭示中国精神与华人企业家管理理念的渊源。同时，我们选取 8 名较有代表性的加拿大华人企业家，对其深度访谈结果进行展示，讲述他们如何通过传承和践行中国精神，披荆斩棘，最终实现文化融合、创业成功以及自我价值的实现。访谈内容涉及两个方面：一是受访者在加拿大的奋斗历程；二是受访企业家与加拿大多元文化的碰撞与融合的真实经历。访谈内容形式上采取受访企业家自述和著者评说相结合，以便更真实地展现访谈内容，还原访谈情景。

第一节　加拿大杰出华人企业家的经营实践

企业家移民在加拿大取得成功的原因，一方面与其自身教育水平的提高、观念的转变和自身综合素质的提升有关；另一方面，与其自身所具备的独特的精神特质密不可分。以下将介绍何国源和方君学两位成功的华人企业家在加拿大的创业经历和实践。

一、IT巨子——何国源

世界著名IT企业ATI（Array Technology Industry）的创始人，何国源先生，曾先后获得加拿大安大略省（Ontario）科技企业家、企业风云人物、加拿大全国企业家大奖，并被美国商业周刊评为全球25位顶级CEO之一。毫不夸张地说，何国源是加拿大高科技工业发展史、新移民史以及华人创业史上的重要人物。

何国源于1983年移民加拿大，两年后，凭借筹集到的30万加元，利用多伦多市区一处旧停车场作为办公室，开创和建立了著名的加拿大ATI公司，从事生产电脑图像晶片。在他的带领下，ATI公司迅速发展成为世界知名的晶片显示卡制造商。目前，ATI的办事处遍布美国、德国、英国、法国、中国、爱尔兰等十八个国家。

中国精神和中式管理哲学的践行者

上世纪80年代是港台移民大举涌入加拿大的时期，华人移民在加拿大创业成功几乎是不可能的。因此，很多华人新移民一般选择风险偏低、运作相对简单的餐厅、商店之类的服务型行业，但何国源却瞄准了高科技。当时晶片生产在加拿大无人问津，更没有华人从事此行业。何国源却凭着百折不挠的精神，在20年的时间内，填补了加拿大电脑晶片生产的空白，实现了惊人的公司利润和市场价值，打破了北美社会认为“华人只会开餐厅”的偏见。

尽管何国源一再对媒体说自己创业是因为找不到工作，但这只是他成功的一个客观因素，他的成功与他主观上的精神特质是分不开的。他身上融合了中国南方人的精干和北方人的豁达，大陆人的敢想敢做和香港人的经商头脑。何国源懂得企业持续经营的理念，在获利后还要再投入大笔资金用于研发与创新，使企业不断创新发展；他的积极心态、百折不挠等精神，都融进了公司文化。他的领导魅力更得到了员工的高度认同，他懂得激励员工，对员工有知遇之恩，使西方社会体会到中国人的管理哲学。

技术创新是市场竞争的关键

在过去的20年里，冶天技术公司（ATI）研发的晶片和影像技术一直处于世界领先地位，它生产的PC、有线电视机顶盒、PDA游戏机、3D图文晶片等产品畅销全世界，微软、IBM、康柏、英特尔等都是ATI的长期用户。在技术上，ATI首先提出用图文显示卡来做多媒体工作，它研发的图文多媒体显示处理器将传统的PC变成多功能的智能机器。公司的产品仅在美加市场的占有率就高达40%，而且每2—3年就有新型产品推出。

持续创新是ATI飞速发展的关键。何国源深知，“这个行业已经在世界范围内展开白热化的竞争，技术是至关重要的因素，只有最新的产品才能够不断地占领市场”。ATI从投资到技术研发、兼并其他研发公司，到寻找技术开发人才的资金，每年平均超过2亿加元。加拿大《环球邮报》将这位成功华人企业家的“领先、增长与稳健”的信条誉为ATI公司成功的秘诀。

ATI也曾出现过非常强劲的竞争对手。1997年，英特尔推出了把图形芯片与主板芯片组、CPU打包的全套方案，具有很强的竞争优势。为了和英特尔展开竞争，ATI也开始研究自己的CPU，最终其技术大大超过了英特尔。在ATI和英特尔激烈竞争的同时，NVIDIA开始崛起，其增长势头和市场份额甚至一度超过了ATI。不服输的何国源凭着自己的冲劲带领员工不断突破和创新，终于在2003年，其产品的市场份额超过了NVIDIA，重新坐回图形芯片市场的第一把交椅。

致力于公益和华人事业

不管到哪里，何国源始终强调自己是中国人。他评价自己说，“我不重要，重要的是有一个中国人，占领了世界IT行业的领先地位。我受到中国的教育，然后来到国外，东西方文化都有接触和了解，这是华人移民最大的优势”。

2005年，退休后的何国源一心读史研佛，修身养性，一门心思扑在慈善事业上，多次向社会捐出巨款。在他的支持下，多伦多地区的一些华人机构，如加拿大颐康中心、大多伦多中国文化中心和孟尝会得以顺利建立和运转。此外，他个人已经向祖国大陆多次捐献巨资，用于校园、医院、公路和桥梁等设施的建设。

在接受媒体采访时，何国源表示，“华人的事情我要参与，主流社会的事情我也要参与，因为任何地方都必须要有中国人的身影出现，越高越难的地方越能充分体现中国人在今天世界上的价值和地位”。何国源的一段话不仅体现了个人的雄心，还体现了他对于国家和民族的自信心和自豪感，这也是支持他创业成功的主观因素之一。

二、一元店之王——方君学

加拿大温哥华、多伦多等大城市的街头有160多家一元店，主要出售家庭用品、厨房用品、文具玩具、礼品贺卡等小商品，其中90%来自中国。凭借其物美价廉的经营特色，成为备受加拿大人钟爱的购物场所。方君学创建的加拿大世源有限公司就是这些一元店的主要供货商之一，其每年约6000万加元的营业额也在整个加拿大同行业中名列前茅。

历经30多年打拼，加拿大华人企业家方君学以坚韧不拔的意志把最初的“小生意”逐步做大，被当地人称为“一元店之王”。他曾先后获得卑诗省“杰出成就企业家”大奖，被华商网络评为红枫传奇人物，被加拿大《环球华报》评为加拿大华裔十大新闻人物。

三次创业成就杰出企业家

早期方君学利用多年积蓄的8000元港币，在香港与朋友合伙开始贸易生意，但由于缺乏相关经验，最终生意失败。他只好到一家出口商行打工，在那里，他学到了做贸易的宝贵经验，还练就了一口流利的英语口语。

方君学的再次创业，是创办了利荣洋行。利荣洋行在中国香港经济萧条时期逆流而上，创业当年就取得200多万加元的利润。方君学的诚信品质和工作能力得到了美国W. R. Grace公司的赏识。在该公司的力邀下，方君学把自己的公司转让出去，出任该公司在中国香港分公司的采购行长。凭着独到的眼光和工作责任心，他深得公司领导的器重。1974年，方君学移民加拿大，美国公司为了挽留他，甚至在加拿大设立了分公司由他主管。

1981年，方君学经过市场调研后，决定开始人生中的第三次创业，在加拿大创办世源公司，经营厨房用具、礼品等进出口业务。从一个只有三人的小公司起步，几年后就收购了当地一家销售玩具礼品的公司。方君学把眼光放在加拿大的主流社会，聘请当地人去开拓市场，这使得产品销售渠道更加宽阔，产品的销量也不断增长。

诚信经营和善于用人是成功的关键

在公司发展过程中，方君学强调“诚信经商”。零售巨头沃尔玛曾向他订购700多万打的相片框，他向厂商询价后发现，沃尔玛的报价高出他可得到价格的26%左右。方君学在做人原则上坚持“君子爱财，取之有道”，作为贸易商，他更是坚守自己“不能超过7%”的获利原则。因此，他主动向沃尔玛表示愿意降低价格。虽然此举让他少赚了300多万美元，但却获得了沃尔玛的高度信任，并从此成为长期合作伙伴。

方君学深信，“生意不怕小，成功都是从小事做起，先把关系建立起来，取得信任才是关键”。目前该公司在加拿大的同行业中已经排名第一，但方君学仍不敢有所松懈，时刻提醒自己，不能满足现状，要不断创新，严把质量关，只有如此才能保持领先地位。

同时，员工管理方面，善于用人也是他生意越做越大的秘诀。在他的公司中，既有华人也有西方人，只有依靠他们，公司的产品才能不断地渗透市场。方君学认为，“对员工要提出合理的要求，要比他能做到的目标略高一点，同时一定要给员工相应的回报，这样才能充分激励员工的工作积极性。”公司总经理为他工作了十几年，年薪从最初的5万加元，到现在的80万加元，这名总经理一直都非常努力地工作，为公司发展殚精竭力。

致力于回报祖国和公益事业

多年来，方君学为社会活动和慈善事业倾注了很多心血，每年都会将公司20%的收入用于公益事业和回报祖国。方君学曾以加拿大社会发展促进会的名义发起并主办温哥华斯坦利公园（Stanley Park）园林重修的筹款工作。在加拿大不列颠哥伦比亚省（British Columbia）发生山火或风灾时，也都积极组织筹款，获得当地政府的嘉许。

方君学在温哥华华埠作为组织者发起了一场“华人社区与哈珀总理挚诚对话”的活动，活动中加拿大总理史蒂芬·哈珀（Stephen Harper）高度赞扬华裔，尤其是华裔企业家对加拿大社会的贡献，并首次直言华裔秉承的价值观正是加拿大需要学习的，并再一次指明“人头税”是加国精神上的道义污点，并用广东话向在场华人道歉。

尽管在加拿大生活多年，但方君学仍然有着浓厚的故土情结。2002 年他在家乡广东开平捐款，为开侨中学新建一座教学大楼。2006 年，他创立了加拿大社区发展促进会，同年为广东抗洪救灾筹款近百万。2008 年汶川大地震发生后，方君学牵头联合其他侨团组织筹款，共为灾区筹得 500 多万加元善款。此外，他多次主动联系和促进中加两国的互访和合作，还准备将一系列加拿大研发的环保技术推广到中国，包括垃圾处理技术、空气和污水净化技术等。

三、何国源和方君学的中式管理哲学

何国源和方学君是两位杰出的加拿大华人企业家，他们的知名度和影响力绝不只在加拿大。他们创立企业并取得突破性业绩以及参与慈善，都充分受到自身独特的中国精神特质的影响，并对中加两国的发展以及经济合作起到很好的促进作用。何国源所创立的 ATI 公司，在全世界享有盛誉。方君学则是凭着中国制造的产品在加拿大的零售业占有一席之地。作为华人企业家，他们身上流淌着中国人的血液，性格中展现了中国文化的精神。他们的企业经营管理实践，都渗透着中式管理理念与哲学，主要表现为以下四个方面：

1. 有生于无，提高创新能力

有生于无思想是中国精神的一大核心内涵，其内容实质是创新和创新思维。一切创新，首先来源于思维和理念的创新。何国源和方君学在企业创办之初，都强调创新的重要性。企业的自主创新是以技术创新为核心的全面创新，包括理论创新、制度创新、管理创新、组织创新、产品创新、服务创新、营销创新等所有层面的创新。何国源正是深刻认识到这一点，才在竞争如此激烈的 IT 行业创造了奇迹。方君学同样是由于高度关注产品质量的更新和提升，才在异国他乡取得了稳定的客户群。对于企业来说，就是要使企业文化理念不断进步，企业技术不断更新，企业产品不断更新换代，企业服务不断优化，企业品牌不断升值增辉。

2. 以人为本，注重员工培养

随着东方管理学的发展，很多企业家开始将目光投向中国的人本管理思想。现代企业也已从近代的“以物为本”和“以资为本”转变为“以人为本”。何国源和方君学的创业经营实践证明，将“以人为本”纳入企业文化建设和员工管理，可以创造出很强的团队绩效和企业向心力。企业只有秉持“以人为本”，即尊重员工的人格和地位，珍视员工的知识和才能，肯定员工的创造和劳动，才能使企业更加具有生命力、创造力、凝聚力和竞争力。

3. 仁者爱人，履行社会责任

仁者爱人是中国儒家思想的核心价值观，将这一思想应用于企业管理，就要求企业家站在企业公民的高度，主动承担企业的社会责任和义务。何国源和方君学最大的共同之处，就是他们都积极回报社会、投身公益。他们对加拿大慈善事业和华人事业的投入，赢得当地政府和居民的赞赏，也受到华人群体的拥戴。在祖国发生危难的时候，他们也都施以援手，筹划捐款。可以说，积极投身公益和履行社会责任是所有华人企业家的群体性倾向，这无疑与中国传统文化和中国精神中的“仁爱”思想有着很大的渊源。

4. 诚实守信，加强品牌建设

诚实守信是中国的传统美德和精神体现，货真价实、童叟无欺也是中国商人的核心价值观以及华人企业生存和发展的关键。方君学非常重视诚信经营和品牌价值，宁愿降低利润来换取合作方信任的做法，很大程度上提升了品牌的影响力和社会公信度。同时，关注产品和服务的质量，也为公司赢得了稳定的顾客群体。一个诚信经营的企业必然会向消费者提供优质的产品、合理的价格和优质的服务。企业只有取信于消费者，才能获得较高的顾客忠诚度和核心竞争力。

第二节　加拿大华人企业家移民的奋斗历程

作为华夏子孙的一份子，华人企业家对中华儿女的深厚感情及对中华民族的精神认同，无一不对其自我实现过程产生着深远的影响。以下是在我们访谈中遇到的几位企业家的真实故事，他们身上都有着典型的企业家精神特质。

一、单身母亲的艰难与蜕变

李颖（化名）是一位单身母亲，2003 年她带着三个孩子从中国移民到加拿大。抱着破釜沉舟的想法，她在移民前把国内的财产全部处理掉，下定决心要在加拿大闯出属于自己的一片天，为三个孩子提供更舒适，更富裕的生活条件。作为企业家移民，她必须要在加拿大开业经营。鉴于自身经营水平和经济实力有限，她选择先在阿尔伯塔省（Alberta）的一个小镇上盘下一家小餐馆，餐馆里有40多个位子。由于她所居住的小镇只有1800多居民，附近虽然有个印第安人保护区，但是他们的经济收入有限，不会经常来餐馆就餐，所以餐馆的生意十分不景气。

阿尔伯塔省（Alberta）的冬天非常冷，气温最低时可以达到零下50多度。李颖的餐馆是老房子，取暖设施不够齐全，所以尽管客人们穿着很厚的保暖衣服在室内用餐，也依旧会冷得发抖。她雇来的加拿大员工拿着高工资，却不尽心尽力地工作，还经常欺负她是外国人。有时她还需要自己上灶掌勺，服务员却在外面偷钱。就这样，她咬牙坚持在阿省经营了4年餐馆，到最后简直就是赔本赚吆喝，不仅没有赚到钱，反而把自己当初从国内带来的钱全赔了进去。

最后餐馆实在经营不下去了，她决定将它卖掉。作为一名在加拿大举目无亲的单身妈妈，餐馆的失败让她信心受挫，但三个嗷嗷待哺的孩子给了她重新开始的精神力量。她带着孩子们迁往温哥华，租住在学校附近的地下室，开始了漫长的打工生活。虽然她自己省吃俭用，但三个孩子的衣食住行开销依旧不小，打一份工的收入非常有限，她就打两份工。早上5点到下午2点，她在一家饭馆帮厨；然后下午3点又跑到北温一家餐馆，做到晚上10点。

李颖坚韧不拔的性格让身边的当地人都很喜欢她。她肯吃苦，多脏多累的工作都愿意做，大家在佩服她的同时也向她伸出援助之手，主动介绍一些好工作给她。一个偶然的机会，有个朋友介绍李颖去高贵林市（Coquitlam）做汽车销售。她非常开心，也十分珍惜这个来之不易的机会，更加努力地工作，第二个月就有了突出的业绩。四年后，这家售车公司的经营状况每况愈下。这时，恰巧她在报纸上看到列治文（Richmond）

宝马车行在招聘销售，就随即应聘并且顺利获得工作机会。凭着不懈的努力和销售天赋，签约宝马车行后的连续几年里，她都是销售冠军。在李颖的销售过程中，她不只是把顾客当做是汽车购买者，而且把他们当做朋友。顾客生病时，她就会带他们去看医生。如此一来，很多顾客都对她百分之百地信任，甚至在没时间照顾孩子的时候把孩子交给热心肠的她来看管。

“做销售最好的心态就是把客人们当作朋友。做生意就要讲究诚意，一定要坦诚相见。如果撒谎，说不定什么时候就会穿帮，害人害己。我所接触的华人客户，大多都很好。当然也有些顾客，傲气十足，但我并不在意这些。”

艰难困苦，玉汝于成。一个带着三个孩子的单身母亲，经过不断的挣扎，最终蜕变为成功人士。从经营小餐馆的风雨飘摇，到没日没夜的打工，再到汽车销售冠军。她凭借自己坚韧不拔的意志和对未来乐观的希冀，一步一个脚印地坚持走下去。通过李颖的例子，我们可以看出，移民路上的艰辛并不可怕，可怕的是人们不懂坚持、半途而废。持之以恒才是最可贵的。从李颖身上可以看出中国人所具备的持之以恒、艰苦奋斗的精神，以及一个成功的加拿大华人企业家身上具备的尚仁重义和个人魅力。

二、中国留学生在加开餐馆

访谈期间，我们来到一家中餐馆吃饭，这家餐馆是中国的留学生开的。餐厅地点并不在繁华的商业区，但他们的餐厅从一开业生意就很火爆，门口经常有很多顾客排队等位置。Sunny（化名）夫妇俩与一起创业的厨师，都是第一次开餐厅，她认为靠他们自己的力量，餐厅的发展不可能特别顺利。

Sunny和丈夫Jack（化名）都是留学生，曾经在一家湘菜馆打工。他们都很爱好美食，后来又结识了厨师朋友，就有了创业的想法。毕业后，他们就筹备开一家餐厅，主做湖南菜。

与很多留学生创业一样，最初的投资资金是父母给的。Jack的父亲对儿子非常严格，要求他写一份详细的计划书，只有计划书通过了才会给他投资。Jack认真整理分析，用两天的时间分析了自己的优势劣势，写了一份系统性的计划书，详述了店名选择、人员配备等情况，并最终得到了父亲的支持。

资金到位后，他们就开始寻找店面。先是在温哥华东部的繁华地段锁定一个铺位，但有人比他们多出了100加元，抢先夺得了店面。退而求其次，他们选择了现在的店址，这里地段并不繁华，交通也不是很通畅，只有特别偏好这家餐厅的菜品的食客们才会专门前来。

定下店址后，Jack留在温哥华负责装修店面，Sunny则回国采购家具等用品。父亲给的投资资金是有限的，因此他们需要尽量节约开支。店面的装修费用很贵，好在有一位加拿大人愿意帮助他们，帮他们买打折的材料，只收很便宜的工钱。Sunny在中国的采购也很顺利，运输上没有大费周章，价格也很合理，每一分钱都用在刀刃上。

“家具到货时，我们只剩下1500加元了。如果海关检查不合格，需要付2000加元左右罚款。但很幸运，我们顺利地把东西都拿到手了。”为了省钱，他们没有请工人，而是请了一帮朋友帮忙卸货。朋友们都是留学生，从中午12点，干到凌晨4、5点钟才完工……他们的勤劳和智慧有了相应的回报，餐厅每天都客聚如潮，并在一年后开了分店，成为了当地比较成功的企业家。

其实，开餐馆是华人企业家最喜欢选择的创业领域。不仅大多数老一代华人企业家在刚进入加拿大时，都以好厨艺落地生根，而且新一代华人也乐意将餐厅作为小试牛刀的舞台。大学生开餐厅在温哥华已是屡见不鲜，他们的创业故事也是各有各的精彩，但他们有一个共同特点，就是离不开家人的支持。而在父母帮他们投下启动资金后，他们能否使这艘船在加拿大市场稳步前行，能否成为一个合格的企业家，还要看自己学会如何掌舵，如何与环境融合，如何发扬艰苦奋斗、矢志不渝的精神。

三、IT 到装修的成功转型

2003 年，许良（化名）带着太太来到加拿大。他最初的想法是进入加拿大计算机行业，稳稳当当地做一名高级白领，并在事业上取得一定的成就。可事情并没有想象中顺利，因为当时加拿大的 IT 行业相对不景气，计算机程序员供过于求，很多当地人都找不到相关专业的工作，更何况对于一个刚来的移民。

在这种情况下，找工作对于他来说迫在眉睫，租下房子后他就开始四处求职。经过一段时间，他收到一个油漆工工作的面试通知。回想起当初的求职经历，许良感慨颇深，“开始的时候，我心理落差很大。在国内，我也是有一定社会地位的人。突然要去做一份 10 多年前曾经做过的装修小工，灰头土脸不说，还不知道人家要不要，心里五味杂陈，很不是滋味。”

到工地之后，老板先让他负责刷漆的工作。他先把地面用薄膜铺上，保护好，然后才开始刷漆。一看他的手势，老板就知道是内行。就这样，他一点一滴地做下来。为了养家糊口，他又将装修的所有技术，慢慢地拣起，并坚持了下来，不怕苦，不怕累。

“其实，加拿大的装修标准普遍比国内落后很多。因为加拿大人不要求精细，而是讲求功能性和装修效率。因为在加拿大，工人的工资非常高。所以，即便是 Tim Horton 这样有名的连锁店，拐角地方的瓷砖也都没有拼 45 度角。在国内，随便是一个家庭装修，看起来都要精致得多。

耗时数月，许良熟练掌握了加拿大装修的各种技术，也比较出加拿大装修与国内装修的不同。与此同时，他还考下了当地的驾照，各方面能力的提高，让他决心自己建立装修公司。

“实际上，我原来以为走了弯路的地方，其实都对现在从事装修这个行业打下了很好的基础。没有多少装修公司能够给客户设计一个 CAD 平面图和电脑效果图，而我却可以，并且设计精益求精，力求完美，这是我的优势之一。现在我们可以提着笔记本，到现场与客户讨论、修改。”

很快，许良创业的装修公司业务开始源源不断。凭借他自己的优势，他们不仅通过报纸广告的方式来接单，也开始通过招标的形式参与当地一些大工程的竞争。今年 6 月份，公司在和一家意大利装修设计公司争夺 Coutry Style 咖啡连锁店装修的竞争中胜出，证明了华人的装修队伍不会比外国人差，也给 Coutry Style 工程部经理留下了很好的印象。现在他们也一直保持联系，希望有进一步的合作。

“我们有劳动力价格和材料价格的优势，我们唯一不了解的是主流社会的游戏规则。今年，我们参加了 2 次加拿大当地的项目投标，虽然没有成功，但已经掌握了不少加拿大投标的方式与程序，已经开始摸清这个领域的门道。现在，我们正在尝试跟一个开发商联系，希望承担一些分包的工作。

有朋友问我何必这么辛苦，做装修的确非常辛苦，特别是创业阶段。既要买材料、接洽工程，还要做公司网站的电脑维护以及装修设计，每天只有几个小时的睡眠。但我在装修行业干下去的决心一点也没有改变。目前我们已经摆脱了老板带工人干活的局面，走向了管理型的公司。目前我们还在进行结构调整，寻求一个集团化的发展方向。”

四、开公司就像游海峡

何健（化名）是天津人，于2006年移民到加拿大。在国内时他曾和两位朋友一起畅游琼州海峡，挑战当时的海峡健将，并被媒体称为“天津三好汉”。他曾在大学负责留学生工作，后来停薪留职经营留学生公寓，生意相对稳定，收入也很可观，但他却放弃了这一切，出国来到加拿大。

刚到温哥华时，因为在中国的生意扩大投资，他把资金全部投入到生意上，所以他只带了两万元加币来加拿大。他想，留学生带几百元来都能生存，同样是中国人，自己也具备吃苦耐劳的精神，也可以坚持下去。一家人在列治文（Richmond）租房子住，房东为了省电，冬天竟然半夜关闭暖气，他们只得忍受。

“后来，我在一家食品厂找到一份做肉丸子的工作，那是个体力活儿。一天，工作完成后，我问工头第二天几点上班，工头感到非常意外。他说，前面来试工的，干一天就走人了，只有我愿意留下来。其实对我来说，这没有什么难的。凭借自己的毅力，我穿越了海峡，何惧这些体力活！”

同年10月份，他应聘到一家橱柜公司，从基层工作开始做起。2008年，他决定自己开一家橱柜公司。他和妻子一起创业，刚开始时天天早出晚归，饭都吃不上。第一年只是投入，第二年收支平衡，第三年才开始小赢利。谈到在加拿大做生意与在中国的区别时，何建说：

“中国客户群大，有机会一夜暴富，但在加拿大，挣大钱的机会就少多了。在中国做老板，动脑筋动嘴就可以了，但在加拿大，既要动脑，也要动手，事无巨细都得管。但从另一方面说，在加拿大，可以全心全意地做产品，做市场。做好了，生意也稳定。”

橱柜行业需要有力气，没有好身体是做不来的。别的工人两个人抬的东西，他一个人就能扛。年轻时游海峡，也是一年一次，现在他经营公司就像是在游海峡。

“来加拿大已经有5年多了，我几乎没出去旅游过，没去过落基山（Rocky Mountain），没看过三文鱼。惠斯勒（Whistler）倒是去过几回，但都是去帮客户的家庭旅馆装橱柜，根本没时间游玩。”

尽管加拿大市场环境很好，但是初来乍到的新移民在这里开公司，要面临各种压力。其中最大的问题就是资金占用大，风险很大。产品的款式品种变化很快，这就需要不断地追加资金、进货。他每次进货都要一个集装箱，20尺柜或40尺柜，还是很有压力的。他几次想过要放弃，但都咬牙坚持了下来。他想起当初游海峡时，过了海沟后，前后左右就是天，茫茫一片，压力难以言说。只能奋力往前游，多难都得坚持。

2008年金融危机，当时市场非常消沉，他的公司靠降价求生存，最终坚持下来了。“有人建议我暂时中断业务休养生息，但我认为好不容易积累的市场占有率，一旦中断就会失去很多客户。很多华人经常回国，导致工作时间不连续，产品质量也很不稳定，容易出现忽高忽低的毛病。我想要克服这种弱点，尽量保持质量稳定，服务连续。”熬过金融危机的大风大浪后，他的公司更加成熟了。到什么山上唱什么歌，来加拿大要尽量适应环境。怨天尤人毫无作用，只是在浪费宝贵的时间。

现在，一切都走上正轨了，他也在列治文（Richmond）买了房子，安居乐业。对于华人移民企业家来说，在中国的成功只代表过去，如果在加拿大没有稳定收入，即使在中国很富有的移民也会坚持不住。有了自己经营的事业和稳定收入，消费起来就不会过于拮据，生活质量也不会太差。不管是有钱人还是穷人，来加拿大最好都要有事情做。加拿大还是充满着机会的，有些企业家移民后事业一落千丈，从此一蹶不振。只是因为放不下架子，抹不开面子，而这是创业的大忌。只有找准目标，并在工作和创业中发扬中国人那种持之以恒、坚持不懈的精神，成功就在路上。

五、华人企业家的政治成就

2007 年大陆新移民陈卫平等成功地组建了华人自己的政党——民族联盟党，以期支持华人参政。陈卫平是在 2000 年才移民到加拿大的，从事房地产生意。华人政党的成立，在加拿大华人社会引起了巨大反响。陈卫平等人勇气可嘉，他们不再依附于主流政党，而是组建政党直接闯入政坛前沿，这反映了当代华人的风貌和抱负，是非常有意义的尝试。

“现阶段不少华人开始从政，他们都有一个为华人在加拿大政府发声的愿望。不断有华人当选为联邦议员，但他们只是为主流党派打工，因为他们必须服从各党制定的纪律和纲领。议会中，如果你没有跟政党保持一致，当场就可以开除你。因此即使他们有这个愿望，也不可能真正表达像华人这样的少数族裔的声音。所以，我们成立了自己的政党。如果我们的存在真的能给在这里苦苦打拼的移民点燃了希望的话，那么即使在我百年以后，我们的后人也会继续坚持，我们的精神也会继续承传下去。”

我们可以从陈卫平的叙述中看到，他的中华民族气节和加拿大华人企业家对中国精神的传承。这些成功的范例都证明加拿大华人企业家已成为加拿大政治生活中的一股重要力量，为加拿大国家的发展做出了卓越贡献。

第三节　加拿大华人企业家的文化撞击与融合

华人移民企业家为加拿大经济带来巨大的活力，为加拿大的经济发展做出了巨大贡献。访谈发现，华人企业家在移民后面临着种种限制，他们在加拿大立足、创业和发展均遇到种种阻力。先进入面对全社会的大市场，还是进入只面对华人社会的小市场，这是他们面临的首要选择。华人企业家常常被挤进小市场，只能经营华人商品，在华人内部竞争，或者经营大公司放弃的商品。加拿大市场被大公司所垄断，要组织低价货源就要大宗买进，这对新开业的小商家非常不利。另外当地商业不愿与外来的商人接触，自我保护的保守态度较重。小集团意识颇为强烈。

此外，华人企业家感到加拿大人不信任他们的商品质量，不尊重他们。有的华人在非华人商业街租店铺时受到冷遇。一些华人企业家直言加拿大一些大公司对华人不够信任，收到邮件也不回复，只有华人老板派白人代表去接洽时才会得到回应。访谈中，一个华人皮货商提到，银行系统不支持移民的商业计划。高税收、高成本加上批发商不愿和华人打交道、不愿批发给他小批皮货，强迫他大宗买进，最终迫使这个商人只能返回唐人街开办旅游公司。这些都是华人企业家在创业或公司经营过程中所面对的文化撞击和社会融合问题。

一、鱼与熊掌不可兼得

荣先生和他的太太是2002年来到加拿大的，刚到温哥华的时候，他一直没找到适合自己的工作。虽然两人有足够的积蓄，但总不能坐吃山空。刚开始，他也很积极地在找工作，但一方面因为眼光太高，不肯屈就；另一方面年纪稍微大了点，以前舒适惯了，放不下身价；再者，过于重视面子问题，不愿意做小事，下基层。

就这样拖了一段时间，终于，在太太苦口婆心地劝诫下，经过无数次的徘徊和犹豫，荣先生到了一家小公司，做和本专业关联性不大的工作。

他以前在国内是高级工程师，到了这个小公司看什么都不顺眼，屡次直言不讳地给老板提意见。令他想不到的是，由于他提出的意见都很中肯，老板对他十分器重。后来小公司在中国深圳开展业务，他经常随老板一起去深圳洽谈业务。

毕竟是来到了自己的故土，他驾轻就熟，凭借对中国市场的深入了解，很快，他就为老板谈下了新的项目。当地的合作伙伴，也因为荣先生的华人身份而十分信任他们。荣先生的能力得到老板的赏识，不久后他就被提升为副总，并持有公司一部分股份。

一年后，荣先生凭借自己过硬的技术，以及多年的奋斗经验，从这家小公司出来，成立了属于自己的公司。公司业绩蒸蒸日上，他也成为了很出色的华人企业家。

放低身价、审时度势才能更快地适应加拿大的生活和环境。很多新移民出国前都有中级甚至是高级职称，但面对现实如不能及时调整自己，必然会到处碰壁，郁郁不得志。作为企业家移民，来到一个语言不同、文化不同的新环境，只有放低姿态，适时地重新开始，才能与社会融合，适应本土文化，并结合本土环境，闯出一片天地。

二、英语文盲也能成就事业

刘军（化名）一家是2002年底移民来到温哥华的。2006年以前，他一直像很多移民那样，飞来飞去，既要照顾国内的生意，又要陪伴住在温哥华的妻子和孩子。这样的生活让他感到十分疲倦，生意和家庭难以兼顾。他决定放弃在国内的生意，来加拿大定居。

“国内的生意是连续性的。如果老板经常不在现场，很多事情不好处理。因此，我下定决心放弃国内的生意。既然移民，就要扎根，否则为什么要来？”

其实从登陆温哥华的那一年开始，他就没有停止过在温哥华投资买房。除了一套接一套买房子外，还在相隔一年的时间内开了两家餐馆。如今，一家人在加拿大安居乐业，投资也有了回报。节假日，餐馆人数剧增，生意兴隆。他对现在的生活很满意。

创业初期，在国内做机电贸易的刘军，对餐饮行业一无所知，不知怎样入手。没有一个朋友看好他做餐馆。他却是全身心地投入，回国进货买家具装饰用品。

“在加拿大做生意，重点不在于做之前懂不懂行，而在于做时用不用心。另外我不觉得语言是一种障碍，我们可以请语言能力强的人代劳，同时可以请秘书、法律顾问、会计师来处理其他问题。在国内同样也是要聘请员工。让员工自己解决语言文化的问题。老板要做的，就是出点子，给思路，指挥就行了。”刘军说。

刘军自认英语不行，但他餐厅的服务员都能讲英文，所以白人来了也可以沟通，也能对顾客服务周到。在温哥华，60%以上的餐馆老板都在当大厨，他却把自己从日常事务中解放出来，把精力放在餐馆全局战略谋划和营销上。

很多华人企业家物质上很富有，但来到加拿大以后，缺乏的是生活的勇气和信心，有一种英雄无用武之地的感觉，实际上就是丢掉了冒险精神和自信心。“不是加拿大没有机会，而是很多华人企业家没有把握机会。他们还是把重心放在国内。”在他看来，以度假旅游的心态住在温哥华根本不可能得到很好的发展。但是，如果全身心投入，全力以赴，在加拿大完全可以开疆扩土，建立属于自己的事业，创造自己的新天地。

对比中国和加拿大的投资环境，刘军说：“加拿大商业运作方式成熟，利润稳定，不像国内那样忽高忽低。在加拿大做生意，靠自己打拼，以质量取胜，比国内相对简单。”

来加拿大定居后，家人也通过亲属移民来到加拿大，结束了两地分居的日子，刘军重新找回了家的感觉，可以有更多的时间享受天伦之乐。

三、蛋糕店背后的精彩

陈静（化名）女士是2000年来到加拿大的华人移民，和很多移民一样，夫妇二人来到加拿大之后的首要问题就是能力不足，社会资本、经济资本、文化资本等各个方面也都因此受到了很大的制约。找工作相当困难，受尽挫折和苦难。走投无路之时，两人开始送Pizza外卖。

“温哥华地区经常是小雨下个不停，我们经常自己淋着雨骑着自行车，而用自己的雨衣包住pizza。我们在加油站当过加油工，在洗车房当过洗车工；在当地的家庭当过保姆，替他们照顾孩子，洗衣做饭。”

就这样，夫妇俩经过慢慢地适应，后来几年的境况还是不错的，她的先生在一个加油站找到了正式的工作，后来感觉到这个行业很大的商机，又和别人一起合伙开了一个新的加油站。目前，他们的生活相对稳定，经济收入也大幅增长。实际上，在加拿大，只要有一个正式的工作，一份可靠的事业，生活起来就不会有太大的困难。

“可是，我仍然没有能够实现自己的梦想。来加拿大之前我就想过，加拿大地域辽阔，加拿大的地质勘探方面肯定有许多可以研究的课题。但是来到这里之后，我才发现这里是真正的地广人稀。加拿大的偏远地区一片冰天雪地，根本看不到一个人，搞勘探的想法可以说是异想天开。”后来，因为学过烹饪，会做甜点，他自己投资，在温哥华开了一家面积不大的蛋糕店，凭借自己的刻苦经营，小店生意也是蒸蒸日上。

以上这些案例，讲述的都是华人移民企业家如何克服困难，跨越创业路上的障碍，逐渐融入加拿大这个多元文化的社会当中。从他们的经历中我们可以看到中国人勤劳勇敢、坚韧不拔的传统精神。加拿大的华人企业家相信：无论做什么事情，只要凭着勇气和毅力坚持下来，就一定能够成功。成败往往取决于在关键时刻能够坚持不懈，也正是受这种“关键时刻多坚持一会，困难之际多拼搏一把”的中国精神指引，他们才取得最终的成功。如果我们付出足够的努力，终会实现梦想。我们所做的一切努力都是成功的前提，只要坚持下来，就有机会成功。

第七章

加拿大本土居民对中国精神文化的评说

华人在加拿大200多年的艰苦磨难和奋斗历程，真实地展现了他们吃苦耐劳、坚持不懈及永不言弃的顽强精神。华人企业家在加拿大艰辛创业过程中体现出的知难而进和艰苦卓绝的创业精神形象地再现了他们克服困难和开拓创新的能力，同时，也体现了中华民族持续发展、自强不息的思想精粹。他们在创业之始及经营企业的过程中传承并发扬着中国精神，以极强的民族融合力、凝聚力和向心力努力奋斗着。他们的精神力量源自于他们对自身价值观念及中国传统文化秉持的自信。正是这种自信使得他们的企业从无到有，从弱到强，在经济全球化市场竞争中展现出勃勃生机。华人移民，尤其是华人企业家，对加拿大的经济发展和社会进步做出了应有的贡献。

加拿大历任总理和政府官员都曾对加拿大华人移民为加拿大做出的杰出贡献给予肯定，并对他们在加拿大学习、工作和生活中所展现的中国精神予以高度评价。加拿大第22任总理**斯蒂芬·哈珀**（Stephen Harper）曾发表评论说:“华裔加拿大人的确值得骄傲。他们竭尽全力在各个领域为加拿大做出重大贡献，这样的贡献一直可以追溯到150多年前华人最初移居加拿大的时期。”加拿大第21任总理**保罗·马丁**（Paul Martin）于2005年在温哥华出席全加拿大华人代表大会时盛赞了华裔先侨对加拿大做出的贡献。他说："希望我们的孩子明白加拿大华人对建设这个国家所做出的贡献。" 加拿大联邦移民部长**克里斯·亚历山大**（Chris Alexander）在接受加拿大《明报》采访时提到，中国不断向加拿大输送具备高等学历的人才，为加拿大经济的飞速发展奠定了基础。2012 年，中加两国的双边贸易总额达到 700 亿元，使中国成为加拿大除了美国之外的第二大贸易合作伙伴，这其中加拿大华人移民，尤其是华人企业家的贡献是不容忽视的。曾担任加拿大公民身份、入境事务和多元文化部长的**杰森·肯尼**（Jason Kenney）称赞华人对加拿大做出了"巨大贡献"。他认为，华人带给加拿大最重要的财富是勤劳实干、艰苦创业的中国精神以及对个人和家庭义无反顾的责任感，这种精神正是一个国家健康发展和壮大所需要的。加拿大华人移民，尤其是华人企业家所展现出的开拓进取、吃苦耐劳的精神以及强烈的责任感体现了中国传统文化中儒家思想所倡导的"入世有为"，也正是中国精神的最好诠释。

加拿大华人新移民在学习、工作和生活等多方面展现了全新的风貌，他们积极进取、坚持不懈、永不言弃和勇于拼搏的态度是中国精神传承的最佳写照。据统计，在接受教育程度方面，78.86% 的加拿大华人持有证书或者文凭，比加拿大的总体水平高出了 2.62%；持有大学及以上程度学位证书的华人则有 32.65%，而加拿大拥有学士学位及以上的人数比例仅为 18.14%，比华人移民低了近 14%。由此可见，新华人移民平均受教育水平远远高于加拿大本土居民。

在工作方面，近年来加拿大华人移民的就业领域和方向也发生了变化。据报道，2001 年，加拿大华人有 20% 从事销售和服务工作，20% 从事金融和行政工作，16% 从事自然和应用科学方面的工作，13% 从事管理工作，11% 就职于加工、制造业和公共事业行业。如今，越来越多的华人走出传统行业，向多元化、集约化、国际化方向发展，他们当中不乏有一部分人选择自主创业，开拓新领域。无论是最初的基础性工作，还是如今多元化的国际性工作，华人移民，特别是具有开拓拼搏精神的华人企业家，在学习和工作方面都发扬着勤恳努力、坚持不懈的优良作风，他们用实际行动传承着中国精神。

近 50 年来，加拿大卑诗省**大温哥华地区**涌现出一大批优秀的华人政治家、企业家、科学家、艺术家、文学作家及大学教授等，他们对中国精神的传承和发扬为该地区的本土居民树立了良好的学习榜样。我们通过两次赴加拿大调研，聆听了华人的心声，尤其是华人企业家的创业历程。此外我们还特意走访了加拿大本土一些有代表性的大学生、高校教授和政府官员，记录了他们眼中的华人移民，特别是华人企业家在创业历程中所释放出来的正能量，以及加拿大本土居民对华人的认识、评说和赞美。

从加拿大本土居民的角度，结合他们对华人移民，尤其是对华人企业家的精神特质所做出的评价来考察中国精神及其传承的影响力，是有必要并且非常有价值的，因为他们的评论是客观的，是不带任何感情色彩的。这样的文化自信不是自欺欺人的盲目自信，是既对内勇于自省又对外被认可的。华人企业家所具备的不怕吃苦、不畏失败的坚韧精神以及中国人特有的心胸、智慧与胆识，一直感染着加拿大本土居民，这些润物无声的精神面貌，使他们对中国精神有了概括性的认识，这就是中国精神传承的力量和影响所在。本章分别从加拿大本土大学生、高校教授和政府官员三个角度记录了大温哥华地区本土居民对于加拿大华人移民中国精神传承的感受。

第一节　中国女性的执着与谦逊

莉亚·查德威克（Leah Chadwick）是加拿大汤姆逊大学（Thompson

Rivers University,TRU）的一名三年级学生。她是中加混血儿，母亲是中国人，父亲是英裔加拿大人。尽管莉亚在长相上继承父亲的基因较多，但她在精神潜意识里深受其母亲身上所具备的中国人特有的艰苦奋斗精神的影响。她的母亲是加拿大一所知名大学的副校长，主管教育全球化。她母亲的成长经历及在管理大学国际化教育的工作过程中都传承着中国精神，她用自己的行动诠释着执着与谦逊的中国精神理念。每当和莉亚谈起中华文化和中国精神，她都饶有兴趣、乐此不疲地表达着对妈妈的赞美。在她的眼中，妈妈就是中国精神的代表，妈妈勤奋、节俭、忍耐、坚韧、进取。就中国精神传承这一话题，她很高兴从加拿大本土居民的视角，对其母亲作为一名华人个体，言传身教地诠释着伟大坚强的中国精神这方面，为我们进行如下评说。

Although it is extremely difficult to generalize an entire culture, the Chinese culture has always been viewed as one that values hard work, diligence and modesty; all characteristics that I believe embody the "Chinese fighting spirit". As the daughter of well-traveled parents, a Chinese mother and an English father, I grew up in a very multicultural environment. This allowed me to experience the qualities of many different cultures, including Chinese cultural values, first hand.

The most prominent example in my life of a Chinese Canadian, whose hard work and determination have lead to success, is my mother. My mother was born in China, as the eldest of four children in a very poor family. From a young age she worked hard to care for her younger siblings, earn money to help support her family and achieve high marks in school. I believe that the large amount of responsibility she had placed on her at a young age bestowed upon her a sense of humility, maturity beyond her years and determination to succeed despite any obstacles she faced.

My mother attended university at the age of 16, after scoring within the top 0.7% of the country on the university entrance exam. She graduated at the age of 20, with a Bachelor of Arts with a major in French Language and Literature and was immediately hired upon graduation as a Foreign Affairs Officer by the Wuhan University of Surveying, China. My mother was assigned to do the liaison work with worldwide universities, which required fluent English both in speaking and writing. Determined to excel at her job, and with no prior English language exposure, my mother very quickly taught herself how to read, write, and speak English. Both her employers and their international partners were extremely pleased with her work, believing in her potential. So she had an opportunity, provided by a German partner of the Wuhan University of Surveying, to get a full-ride scholarship for studying in Germany. At the age of 25, my mother moved to Germany, and began to study German. Although all of her living and academic-related expenses were covered by her scholarship, my mother strictly budgeted her money and was able to regularly send money back home to support her family living in China. In 1988, my mother completed her study term in Germany and achieved fluency in German. Then, she decided to immigrate to Canada.

Despite the fact that she held a bachelor's degree, fluently spoke four languages and had an impressive work and educational background, as soon as those employers discovered that her work and education experience were primarily from China, they refused to employ her. Determined to find employment and not to be defeated by discrimination, she remained humble, and began working for temporary agencies, with fewer responsibilities and wages much lower than what she was trained for and capable of. She continually surprised employers with her work ethic and ability to quickly produce quality results. In 1996, she was hired by the University College of the Cariboo (UCC) in Kamloops, BC, as an International Student Advisor. She loved having the ability to help the international students at this school and poured all of her energy into this job. She worked long hours, never complaining, often letting others take credit for her work and constantly taking on more responsibilities. My mother was willing to help other, simply showing her appreciation for the opportunity that she had been given. I believe that her selflessness and modesty came from growing up in a collectivist culture, where teamwork, cooperation and group harmony are emphasized.

UCC eventually transitted Thompson Rivers University (TRU), in order to achieve university status. Through a series of promotions, my mother eventually became the Director for TRU World, the second in command of the international side of the university. After continually proving her competence, by singlehandedly establishing the international accreditation and offshore delivery program that TRU currently uses with many international partners and by providing an innovative and business-savvy approach to international education, TRU encouraged her to pursue and offered to cover the costs of both her Masters and PhD degrees.

Not surprisingly, my mother's continued working hard. Modest and innovative ideas lead her to take on the role of Associate Vice-President International and CEO Global Operations at TRU, responsible for overseeing all international activities at TRU. Despite my mother's success she has remained extremely humble, believing that her actions will speak for themselves, a common trait that I have noticed among successful Chinese Canadians. Currently the Associate Vice-President, the top position within the international department at TRU, my mother continues to work as hard and humbly as she did when she was facing discrimination as a visible minority and new emigrant to Canada. Defined work hours have never been a concept that my mother can fully understand. Throughout my life and to this day, I constantly witness her working through the night, on the weekends and during holidays, and she is happy to do so. Although she has been offered jobs at more prestigious schools, she has chosen to stay at TRU, wanting to show her appreciation and loyalty for the organization that gave her a chance when no one else would. My dear mother, Baihua Chadwick, is now Vice-President of TRU, and she has set up a great example in terms of handing down the Chinese Spirit from generation to generation. Her concept of university management and administration is unique. She encourages frugality and advocates hardness in the position of Vice President in charge of International Department.

I believe that my mother is a prime example of the Chinese fighting spirit that many Chinese Canadians possess (although I may be a little biased), as she worked her way out of poverty, never forgetting her roots, never giving up and always remaining humble. After facing adversity time and time again, my mother has persevered, never settling when she knew that she had more to give, to become the successful woman that she is today. Although this is only my mother's experience, I believe that many Chinese Canadians possess and value these qualities, and that they are characteristics that every person, despite their nationality, should work towards achieving.

Leah Chadwick

Student of Thompson Rivers University, Canada

译文：

尽管很难用语言来将某种文化作为一个整体进行概括，但中国精神历来被解读为“努力、勤奋和谦虚”。我认为所有这些特质，都体现了“中国奋斗精神”。我成长在一个多元文化的家庭环境中，我的母亲是中国人，父亲是英裔加拿大人，因此我有机会接触并体验多元文化，其中对我影响最深的就是中国的文化价值观。

我母亲是我见过的最典型的加拿大华人，她通过自己的辛勤努力和坚定决心获得成功。我的母亲出生于中国一个非常贫穷的家庭，四个孩子中她排行老大。她从很小的时候就开始照顾弟弟妹妹，挣钱帮父母养家，同时她的学习成绩也非常优异。我相信是肩上的重任塑造了她谦卑的品性和远远超越她年龄的成熟，也赋予了她不管遇到任何困难都无法动摇想要成功的决心。

我母亲 16 岁的时候以名列前茅的高考成绩步入大学，主修法语语言文学，20 岁获得文学学士学位，一毕业就被聘任为中国武汉调研大学的外事工作人员。我母亲负责与世界各国大学进行国际交流合作方面的联络工作，这份工作需要她具有熟练的英语书写和交流能力，但我母亲在此之前从未接触过英语。为了胜任这份工作，她勤学苦练，很快自学了英语。我母亲勤奋的工作态度和突出的工作能力让她的老板和国际合作伙伴非常满意，其中一位来自德国的合作伙伴邀请她到德国留学，为她提供全额奖学金。于是 25 岁的时候，她前往德国并开始学习德语。尽管奖学金足够她支付所有的生活和学习费用，但她还是非常节俭，并定期寄钱给中国的家人。1988 年，我母亲在德国完成了学业，同时能够说一口流利的德语，之后她决定移民加拿大。

初到加拿大时，尽管她拥有学士学位，会四种语言，也有优秀的工作经历和教育背景，但她屡次因教育背景和工作经历都主要是在中国而被拒之门外。于是她只能放低身价，先在一些临时机构工作，她的能力和素质远胜于职务所需，但她一直踏实工作，用自己的行动向雇主证明了能力。1996 年，她被聘任为凯里布学院（University College of the Cariboo, UCC）国际学生顾问。她很喜欢帮助国际学生，并把所有精力都投入到这份工作中。她工作努力，从不抱怨，认真地做好每一件事，逐渐获得同事和学生们的信任。我母亲总是乐于助人，用行动回报着她所被给予的机会。我认为，她的无私和谦虚源于她的成长环境——强调团队、合作与和谐的集体主义文化。

后来凯里布学院升级大学，并更名为汤姆逊大学（Thompson Rivers University, TRU）。通过一系列的晋升，我母亲被提拔为汤姆逊大学国际部的负责人。她不断证明自己的能力，通过努力创建了国际认证和离岸交付程序，至今该大学还在使用该程序与国际合作伙伴进行合作。她还提出了很多国际教育方法。为了回报我母亲的付出，汤姆逊大学鼓励她攻读硕士和博士学位，并包揽了她的所有费用。

后来，我母亲被提升为主管汤姆逊大学全球业务的副校长助理和首席执行官，负责汤姆逊大学所有的国际活动。尽管我母亲已经非常成功，但她仍然保持谦卑，始终相信努力是证明自己最好的方式，这也是我在所有成功的加拿大华人身上看到的共同特质。作为副校长助理——汤姆逊大学全球业务部的最高职位，我母亲仍然像当初自己刚刚移民到加拿大时那样努力谦逊。我母亲从来不按时上下班，经常彻夜工作；甚至在周末和假期，也是忙得不亦乐乎。虽然她有机会去更著名的学校工作，但她依然选择了留在汤姆逊大学，以此来表达她的忠诚和感激之情，感谢大学当初给了她一个表现自己的机会。我母亲现在已经是汤姆逊大学的副校长，在中国精神的传承方面，她给我树立了很好的榜样。她勤俭朴素、不懈努力的作风和理念也在教学和管理中得到体现。作为副校长，她用行动践行中国精神，同时也影响和感化着同事们、学生们和朋友们。

我母亲在一次又一次面对逆境的时候，都会觉得是自己的努力还不够，这也是她今天如此成功的原因。我母亲的经历充分展现了中国人的奋斗精神——走出困境时不忘根本，永不言弃并保持谦逊，我相信这也是许多加拿大华人所拥有的特质，而且每一个人，无论何种国籍，都应该珍视并为之努力。

莉亚·查德威克

加拿大汤姆逊大学学生

第二节　华人企业家的勤奋与坚韧

约翰·雷德蒙（John D. Redmond）在退休前，一直是加拿大西蒙弗雷泽大学（Simon Fraser University, SFU）的一名社会学教授。多年来与华人同事相处的过程中，他被加拿大华人勤奋好学的精神所感染，同时也深深地被博大精深的中华文化所震撼。作为一名社会学研究学者，他由衷地尊重并赞赏具有独特魅力的中国文化。从《易经》强调的“天行健，君子以自强不息”，到儒家孔子所赞赏的“士不可不弘毅，任重而道远”，中国文化中处处体现着勤奋坚韧的中国精神。他说，这既是人类社会在过去的历史中发展的精华，也是孕育中华民族辉煌未来的基础。除此之外，他特别对华人企业家勤俭持家、勤劳创业的美德给予了高度评价。他认为，华人企业家能够艰苦创业，勇于拼搏，并在创业后能够戒骄戒躁，善于学习，将中国儒家文化中“以礼治企”与西方“以人为本”的管理理念有机结合，融贯中西，这正是企业的发展之本，也是经济发展、社会进步的源泉。华人企业家所展现的中国精神值得加拿大本土居民、企业家认真领悟学习，也值得加拿大学者深入学习研究。

I am native Canadian, in my eighties. When I see new immigrants come from China in the twenty-first century, I feel proud of them. These new immigrants have changed the impression that we old generation had about the former Chinese comers. The stereotype of Chinese-Canadian as bachelors without education was old story, probably dozens of years ago.

I want to talk about them as I was deeply impressed by their frugality which means keeping a house going through easy or difficult times, especially making ends meet. I had contacts with them and was invited to dinner, so had the opportunity to see how they cooked and they changed anything at hand into delicious food. They were good at cooking and made various styles of food by simple ways. What they impressed me most was they tried to make most out of everything and reduce waste to the minimum. We need to learn from this. The same thing is true with their clothes-making. They make clothes for themselves, spend less time and use less material. Being frugal is one part of their character. They are also endowed with endurance and tenacity which is typical of Chinese nation. Such virtues are embodied best through diligence.

I have read books about Chinese nation. I come to the conclusion that Chinese people have formed the habit of working hard due to their long period of struggling to survive poverty. Chinese-Canadians can keep working for a meager salary, as experience of generations has taught them the lesson that diligence leads to success and future. They are also ready to do things when conditions are no good. We westerners take it for granted that we should wait until things are ready for us to do and never attempt to do anything when conditions are not ready. But in Chinese-Canadians' eyes, conditions can be created when they want to do something as long as they are ready. I think this is because they are capable of diligence, endurance and creating wealth, and because they can keep working for less pay. Is not this a kind of virtue? Chinese people's diligence and endurance have long been recognized throughout the world. We native Canadians think highly of this point.

One of my friends is from South China. When he came to Canada about twenty years ago, he could not afford a car. To save money he walked instead of taking a bus. Before he knew the route, he followed the bus, running all the way to his workplace. Though the first years in Canada were tough, he never gave up his dream—to set up his own business. After over ten years' persistence and devotion, he finanlly has his own company. From the part-time dish washer, to one of employees in a company; from a manager to having his own business, he realized his dream one step by one step. It was from him that I truly understand Chinese Spirit—perseverance and diligence, which has always won the respect from all walks of life in Canada.

We native Canadians very much approve of Chinese-Canadians' diligence. In China Town of 1970s and 1980s, a popular sentence went around, "Work like the people in China Town", which means the Chinese people there were all busy doing their business and diligence was highly regarded. I have heard of stories about how Chinese intellectuals studied. One story tells that some of them read books at summer night with the help of the light of the glowworm as they could afford no candles; the other tells that some manage to find time for reading while working in the fields. Such good traditions are passed down till today and are shown in a great number of Chinese-Canadians. I have good reason to believe that Chinese people will become one of the most prosperous nations in the world as a result of their extraordinary diligence and endurance and, they will, by these virtues and qualities, be rewarded in time here.

John D. Redmond

Simon Fraser University

译文：

我是加拿大本土居民，年近耄耋。21 世纪以来，每当看到从中国来的新移民，我就由衷地为他们感到骄傲和自豪。新移民改变了我们这些老年人对华人移民的灰色印象。华人移民“是没文化的单身汉”的典型形象已经是几十年前的老皇历了。

实际上自20世纪90年代起，我就对华人移民刮目相看了。我的很多朋友都是华人移民，我对他们最深的印象就是勤俭持家。通过和他们交往，去他们家里吃饭，我发现中国人都是烹饪大师，能够很轻松地把普通的食材变成可口的饭菜，用简单的厨艺做出繁多的品种。他们还会自己缝制衣服，用料省用时短。他们这种自己动手丰衣足食、勤俭持家的精神是值得我们学习的。

我读过一些有关中华民族的书，我的体会是中国人在极度贫困中为求生存而进行的艰苦斗争赋予了这个民族勤劳的本能。世世代代的经验告诉他们勤奋是通向成功和未来的基石。华人移民甘愿为了一笔微薄的报酬坚持做很长时间的劳工。有许多事情，即使不具备条件，他们也会积极地去努力。在我们西方人眼中，一件事情有困难是正常的，如果条件不具备，我们就不会过多地努力；只有条件具备了，我们才会做这件事。但在华人移民眼中，条件不具备，他们可以去创造条件来完成这件事情。他们有一双勤劳节俭、忍耐坚韧、创造财富的双手，他们能够为了获得微薄的报酬而埋头苦干。华人移民的吃苦耐劳众所周知，我们加拿大本土人对此也非常认可。

我有一位好朋友，来自中国的南方。20年前移民到加拿大的时候，他买不起汽车，为了节省公交车票钱，他选择走路上班。不认识路线的时候他会沿着公交车行驶的路线跑着去上班。尽管初到加拿大的前几年生活很艰辛，但他从未放弃自己的梦想。他从最初的打零工，通过坚持不懈的努力，一步步升为公司经理，到现在自己创办公司，他用勤劳、智慧、奋斗和坚持实现了自己的目标，同时也很好地诠释了中国精神。勤劳和坚持是赢得最高评价的美德，也是我和华人企业家朋友接触后最大的感受。

我们加拿大人对华人的勤劳非常的认同。在70、80年代，温哥华的唐人街，流传着一句格言："像唐人街的中国人一样去工作"，形象地描绘出唐人街的中国企业家是如何勤勤恳恳，不辞辛苦地工作。我听说过很多关于中国的"苦读书"的故事，有人借着萤火虫的微光读书，有人在耕地的时候仍然不忘读书，这些优良的传统美德传承至今，在许多华人移民的身上得到体现，尤其是在有着拼搏创业精神的华人企业家身上尤为明显。我坚信中国会发展成为世界强国，正是因为华人移民，特别是华人企业家所体现的勤劳、坚韧、拼搏、奋斗等优秀的品格，我相信他们通过自己的勤劳努力和不懈追求终将取得成功。

约翰•雷德蒙

西蒙弗雷泽大学

第三节　加拿大华人的榜样力量

布罗克·戴克曼（Brock Dykeman）教授是温哥华岛大学（Vancouver Island University）的一名硕士生导师。他认识很多移民加拿大的华人朋友，而且在学术科研的朋友圈里，他这些华人朋友都接受过良好的教育，大部分都是博士毕业。他的华人朋友所提倡的“温良恭俭让，仁义礼智信”的儒家道德观念深深地影响着他。他认为中华五千年文明源远流长，博大精深，这种文化已经根植在每个中国人的心中。中国精神在每一个中国人身上都有所体现，特别是他接触的华人朋友们。让他感触最深的是，英语作为加拿大华人的第二语言，却能够被运用地如此得体，甚至超过了一些母语为英语的加拿大本土居民。这让他看到了加拿大华人所展现出来的力争上游的中国精神。他的华人朋友们通过刻苦钻研，努力学习，不论是在竞争激烈的科研领域，还是在日常的授课活动中，都能熟练地运用流利的英语进行写作和交流，这使得他由衷地钦佩华人移民所展现的坚定执着和顽强坚韧的毅力。

Generally, white Canadians are fascinated with Chinese culture. Most knows that Chinese civilization has a long history spanning several thousand years. We also know that China produced a great philosopher, Confucius, who was an extinguish wise man and educationist. Canadians often attribute all kinds of sayings to him. With regards to spiritual life of Chinese Canadians, we think that Chinese Canadians practice Confucianism, Buddhism or Taoism.

Most of us see Chinese Canadians as an ethnic group in which traditional values prevail. For example, we believe that Chinese Canadians place great emphasis on family, work and respect for one's elders, especially teachers.

Moreover, we believe Chinese Canadians are traditionally excellent students and hard workers. However, Chinese Canadians generally find a better balance between work and family needs than many Canadians do. Chinese Canadians tend to head home right after work from the office to spend time with their spouses and children. In addition, I think we have something to learn from the Chinese Canadians about finding the proper balance between work and family.

Chinese Canadians have been learning from North American concept that they tend to encourage their children to develop their potential to the fullest extent that is to dream. Fathers and mothers frequently instill in their children both ambition and confidence to work towards their goals. They also encourage the same level of participation in extracurricular activities. What I admire about Chinese Canadians is their stong ability to learn and adapt in a new environment.

Chinese Canadians treasure friendship and loyalty. Their concept is that a friend is a friend forever. I assume that is why Chinese Canadians usually have many friends. I am fortunate that I have some Chinese friends. Although they seldom come to my party or go to bars with me, they kindly send me birthday and Christmas gifts every year, and give me telephone calls on their own initiative now and then. I believe that I could turn to them if in trouble. Loyalty found in a friend is akin to making a deposit in a bank account. More often than not, your deposit gains interest, and a loyal friend attracts another loyal friend.

I have been very much impressed with the industry and discipline of the Chinese students I have met in my class. Most of them have invested a great deal of time and effort in their studies and many even master English better than our white Canadians. We can not even imagine how hard they have learnt. I reckon that white Canadians should learn from those Chinese Canadians in terms of seriousness of purpose and persistance and dauntlessness in their career studies, which is part of Chinese Spirit.

Brock Dykeman

Professor of Vancouver Island University

译文：

对于加拿大白人来说，中华文化神秘而充满魅力。很多加拿大人都知道中华文明源远流长，横跨数千年的历史长河。我们也稔知孔子——充满智慧的中国伟大思想家和教育家，我们加拿大本土居民也对他崇拜有加。通过对加拿大华人的了解，我们认为加拿大华人是儒教、道教和佛教的忠实践行者。

在我们大部分人看来，加拿大华人是一个以传统价值观为主导的种族群体。比如，他们通常有很强的家庭伦理观念，尊老爱幼，尊师敬长。另外，加拿大华人在学习方面刻苦努力，工作方面兢兢业业。但是，他们又能从容地在工作和生活之间找到一个平衡点，在这一点上，华人比许多加拿大人做得都好。很多加拿大华人一下班就直接回家陪伴家人。我个人觉得，在平衡生活和工作方面加拿大人要向华人学习。

如今，加拿大华人也学习北美先进的教育理念，鼓励孩子充分发挥潜力，追求梦想。加拿大华人父母会培养孩子的志向勇气和信心，给予他们追求梦想的动力。我最佩服的就是加拿大华人的学习能力和适应能力。

加拿大华人珍视友谊和忠诚。在他们的认知里，一旦成为他们的朋友，那就是永远的朋友。我想这也是华人们通常都有很多朋友的原因。我也有一些华人朋友。虽然他们很少参加我举办的聚会或者和我一起去酒吧，但每年都会在我过生日或者圣诞节时送我礼物，还经常主动打电话问候我。我深信我的这些华人朋友是值得交往和信赖的。忠诚的朋友就像是银行账户中的存款。存款往往可以产生利息，而一个忠诚的朋友能够帮你结交更多忠诚的朋友。

中国学生在课堂上表现出的勤勉和严谨给我留下了极深刻的印象。他们大部分人都埋头苦学，勤勤恳恳，甚至有些中国学生的英语水平比加拿大本土学生还要高，可想而知他们付出了多少努力。我认为，加拿大华人的治学严谨、持之以恒以及努力不懈正是中国精神的缩影，也是非常值得加拿大本土居民学习的优秀品质。

布罗克·戴克曼

温哥华岛大学教授

第四节　永不言弃的中国人

毫不夸张地说，吉恩•麦克唐纳（Gene MacDonald）访问中国超过 100 次了。他的很多朋友都称他 China Expert（中国通）。他退休前曾先后担任加拿大卑诗省布鲁克伍德中学（Brookswood Secondary School, Canada）校长、卑诗省兰里市教育局国际部主任、局长助理。早在 1990 年，吉恩•麦克唐纳担任布鲁克伍德中学校长一职时他便开始和中国有了接触。他率先在中学开设了汉语和中国文化课程。他大量阅读各个时期出版的有关中国历史和中华文化的书籍，并且定期与高校教师和学生分享关于中华传统文化的读书心得。作为早期与中国接触的加拿大人，他对于中华传统精神有较为深入地了解。他非常喜欢结交中国朋友，曾多次专门邀请他的中国朋友到布鲁克伍德中学进行中华文化和中国精神方面的讲座。他在中国全国各地都有朋友，而且他还表示，在与中国朋友相处的过程中，他的精神世界也被深深地感染着。提及加拿大华人在中国精神传承方面留给他的印象时，他是这样评说的：

I am English-Canadian. My ancestor came from England. The impression I have about Chinese-Canadian is: They love work, love life. They are simple, hard-working, down-to-earth and persistent. Early back to my grandparents we began to know Chinese businessmen. I still remembered the words my grandfather told me, "If you are fortunate enough to have a Chinese person as a friend, you will have a friend for life." More than 60 years have passed since he made that comment and in thinking back, I find myself wondering how he could have ever predicted that. He was so correct.

During 1910～1950, my grandfather owned small general stores and as soon as one was successful, he would sell it and start one in another town, a little bigger than the one before. It was then we began to know Chinese. My grandfather sold food and fresh vegetables. They were all purchased from local farmers, the majority of whom were Chinese. I often saw them come into the store with their products. They would be in a wagon of some sort either pulled by hand or by bicycle. Many had what I thought to be rather strange hats on, until my grandfather told me how effectively they prevented sunburn. Their English sounded a little strange, but my grandfather seemed to understand them just fine. I can remember happy faces, some light hearted bargaining, and a general feeling of good will.

I heard my grandfather often praising these Chinese farmers, "They can grow anything, anywhere, I like doing business with them, happy and fair", he would claim. He was very impressed with how hard they worked and with the quality of the results. He became very friendly with many Chinese families and told me how honest they were and so pleasant to do business with. The relationships that he developed with many of these farmers lasted long after he retired.

These famers were the descendants of the Chinese workers who came to Canada around 1880 to help build the railroad. Several thousand came directly from China and several thousand came from California. There were some local objections to having "foreigners" come to help with the project. However, the Canadian Prime Minister at the time, Sir John A. MacDonald, made the comment that if there were Chinese workers, there would be a railroad. If no Chinese workers, then there wouldn't be a railroad. It was very simple logic and Canada needed that railroad so the Chinese came to build it. Accounts of the workers at the time indicate that they were efficient, hardworking, and well behaved. They were particularly skilled in building the tunnels and with using dynamite for blasting. Many were killed as it was dangerous work. When I look back on the history of those times, I think that these people were very courageous and endured many hardships. I know that they were not paid very well and some were unable to save enough money to return to China. So they stayed and made Canada their home and raised their families. From generation to generation, they work hard, never give up and always trying to do the best.

The next group of Chinese people that I came into contact with was the fellow school students from Chinese families who lived in my hometown of Penticton. I do remember them as being studious, as they were the only ones who can finish the reading task. They were generally quiet. I don't think that they got involved in too many school activities as most went directly home after school to work on their farms or in the orchards. What impressed me deeply was that the parents' of one of my classmates owned a farm where we could actually go into the gardens and harvest what we wanted. It was interesting, as many of us had been there, and we would be tempted to pick far more than we needed. We can see how talented the Chinese are in business, and they have the magic to let you pay happily.

I chose a career in education and was a Secondary School principal for 20 years. During that time I interviewed many candidates for teaching positions over that period of time. Some of my best Math and Science teachers were Chinese. I once hired a teacher from Shanghai. She left her husband and her new baby with her parents in search of a new life. It was a very difficult decision and I am sure that she wondered many times if it was the right one. After a few years, she was able to sponsor her husband and their daughter.

Her husband's English was limited but he worked hard to improve it. He was a really nice guy who had had a senior position in China before coming to Canada. It was a really difficult adjustment for him. I have to give full marks to Ming's husband for sticking to their family plan. He was a smart guy and as his English improved, people began to recognise his talents and jobs began to open up for him. He now enjoys an excellent reputation as staff member in the International Department of a well- known Canadian University. Her daughter was 4 and couldn't speak a word of English when the little girl came to Canada. Twenty years passed, she recently graduated from the University of British Columbia and is now working in a large hospital as a pharmacist. Hard work, diligence, and ambition have served that family very well.

Several friends of mine run restaurants. I have the impression that they are never afraid of failure. Furthermore, they can start anew out of any failure.

My friend, Wu Jia, started a restaurant in Abbotsford, but business was not going well and was on the verge of closing down. When we were talking, Wu Jia and his men told me, "Although our business is not successful, it is not the end of the world. We can still adjust our direction and start again on a new target." The attitude they showed toward failure and frustration moved me deeply. They consider failure as an opportunity to grow up. Most probably, just because of their positive attitude, they were not defeated. Their business changed for the better after they moved from Abbotsford to Burnaby and cheered up again. As the saying goes, God helps those who help themselves and miracle can be created only through hard work. Wu Jia's story has taught us to take an active attitude when faced with failure. Is this a kind of heritage of Chinese spirit?

Gene MacDonald

译文：

不同于加拿大华裔，我是加拿大英裔，我的祖辈父辈都是在英格兰出生长大的。我对加拿大华人的印象是：他们热爱工作、热爱生活、勤劳朴实、踏实肯干、坚持不懈。早在我祖父母的那一代，我们家就开始和中国商人打交道。我至今仍记得我祖父60年前曾对我说过的这样一句话："如果你有幸结交一位中国朋友，那他将会是你一辈子的朋友。"我一直深思着这句话的含义，并好奇祖父为何会有这样的论断。如今看来，他说的很对。

1910年到1950年期间，我的祖父开始经营几家小杂货店。只要杂货店经营得好，有效益，他就会把它卖掉，然后去另一个城镇开一个更大的店。我家和中国商人的渊源也是从那个时候开始的。当时我家出售的食物和新鲜蔬菜都是由当地农民供货，他们中多数人是华人移民。我小时候常常看到他们把商品送到商店。他们或是骑着自行车，或是赶着马车而来。他们中很多人会戴着帽子，我觉得那些帽子很奇怪，祖父告诉我那帽子可以遮太阳。他们的英语听起来有点怪，但祖父总是能明白他们表达的意思。中国商人给我的印象是：常常面带笑容，待人友善。这些中国商人的特点是喜欢讨价还价，但讲诚信、讲公平。

记得我的祖父经常这样夸奖这些中国商人："他们非常勤劳能干，可以在任何地方种植任何东西，我喜欢和他们做生意，因为他们诚实守信，合作起来很愉快。"他对这些中国商人辛勤的劳作和高质量的产出印象非常深刻。他在退休以后还与很多中国商人保持着联系。

这些华人都是1880年左右来加拿大建造铁路的中国苦力的后裔。当时的那一大批中国建造者，有的从中国直接来到加拿大，有的则是从加利福尼亚来到加拿大。加拿大本土居民也有一部分人反对"外国人"来参与这个项目。然而，当时的加拿大总理约翰•麦克唐纳（John MacDonald）

先生发表评论说，只有雇佣中国工人，铁路才会建成；如果没有中国工人，就不可能成功建成铁路。这是非常简单的逻辑，而加拿大也需要铁路，所以中国人就来到了加拿大建造铁路。事实证明，中国人是勤劳高效、遵纪守法的。修建铁路的过程中需要炸药爆破和建造隧道，他们很擅长这项工作。但同时这项工作也十分危险，以致很多华人在这个过程中不幸遇难了。回顾那个时代，我认为中国人当时相当勇敢，而且也经受了许多磨难。他们得到的报酬并不高，有些人甚至没有攒够回中国的路费。无奈之中，大部分中国工人便留在加拿大，并以此为家，繁衍生息。在这片土地上，一代又一代的中国人展现着吃苦耐劳的中国精神风貌。他们永不言弃，努力进取。

我所接触到的另一些中国人，是住在我家乡彭蒂克顿的华人高中同学。我始终记得他们的勤奋好学，他们总是按时完成阅读任务，整个班级几乎只有他们几个华人同学能做到。不过他们在课堂上通常比较安静，好像也不参与学校的活动，因为多数时候他们放学后会直接回家，在农场或者果园里干活。他们的父母多是商人，自己经营农场或企业。印象最深的是，我的一位同学家里有个农场，种植蔬菜水果，他们还开发出一片采摘园——让顾客自己去采摘，然后付费买自己采摘的水果或蔬菜。我们很多人都去体验过，很好玩，而且我们常常会挑选远远多于实际需要份量的水果或蔬菜。中国商人在经商方面非常有天赋，让我们开开心心就把钱付了！

大学毕业后，我从事教育行业，曾担任中学校长20多年。在那段时间里，我面试了很多想要当教师的人，我发现在数学和科学领域，最优秀的教师大部分都是中国人。我曾经雇佣了一位来自上海的老师，她来加拿大之前，已经结婚成家了。她背井离乡来到加拿大，远离丈夫和出生不久的孩子，这肯定是一个非常艰难的决定，我相信她肯定反复考虑过多次自己的选择是否正确。经过几年的打拼，她有了一定的经济基础，就把丈夫和孩子都接来了。她的丈夫在来加拿大之前在中国担任高级职位，来到加拿大之后，除了要努力提高英语，他首先要面对的就是社会地位上的落差。他学习英语非常努力，随着英语水平的提高，他的才能也逐渐被雇主认可，工作的大门也向他敞开。现在他就职于一所大学的国际部，工作很出色。他们的女儿初到加拿大时才 4 岁，一句英语都不会说，转眼 20 年过去了，他们的女儿已从英属哥伦比亚大学（University of British Columbia，UBC）毕业，现在就职于一家大医院，成为了一名药剂师。他们一家人的努力、勤奋、胸怀大志令人欣赏和佩服。

我还有一些中国朋友是做餐饮生意的，他们给我留下的印象就是不怕失败，遭遇失败的时候，他们从不气馁，并且能够分析原因，很快确定新的目标。

我的一位朋友吴佳，之前在阿伯茨福德这个地方经营了一家餐馆，但生意不是太好，濒临倒闭，但在与我的交流中，吴佳和他的朋友们说："虽然经营失败，但是还没有到世界末日。我们会调整方向，选择新的目标重新开始。"吴佳和他的朋友们对待失败和挫折的态度，令我十分感动：他们把失败称作"成长的机会"。或许正是由于他们乐观积极的态度，餐馆的经营开始好转。他们没有被失败压垮，正视自己的问题，把餐馆由阿伯茨福德搬到了本拿比，很快就投入到下一步的工作当中，又继续投资，现在这个饭馆已经开始正常运转，并给他们带来了收益。俗话说："自助者，天助之；做人做事要积极进取，只有这样才能创造奇迹。"这件事情告诉我们，当面对失败的时候，要积极面对，不能轻言放弃。华人企业家们对待挫折和失败的态度，是值得我们学习的。这也可以算作是中国精神的一种传承吧，只有经历风雨，才能见到彩虹。

吉恩•麦克唐纳

第五节　为梦想而拼搏的加拿大华人

辛迪·麦克劳德（Cyndi McLeod）女士自2000年开始，就和中国人频繁接触，和我们有着多年的教育合作关系，是我们的老朋友。她经常向她所在大学国际部的36位职工宣传并赞赏中国文化的魅力。在中国的高校，她还多次向我们的教育工作者强调要培养和加强中国学生对传统文化的热爱。她曾对中国学生讲：虽然你们学习的是加拿大和美国的英文原版教材，但不要忘记中华五千年的文明历史，不要忘记“五讲四美”。她总是非常认真地汲取各方面的知识，从阴阳理论、儒家道德、中医养生到文化艺术、饮食风尚，均有涉猎。任人唯贤、和蔼待人的她，对身边的华人同事及下属有着深刻的印象，吃苦耐劳和任劳任怨是她在和华人接触中对他们最深的感受。她很欣赏那些为了梦想远赴海外打拼的中国人。更值得一提的是，在与中国进行国际合作的过程中，她也会“入乡随俗”地运用一些中国传统故事与中国人进行沟通，并取得了超乎想象的合作效果。她说，中国文化是中国各族人民在100多万年的生产和生活实践中所创造和积累的结晶，也在无声地影响和推动着周边国家乃至世界的物质文明和精神文明发展。

I am very proud of my Chinese Canadians colleagues. I started working with them since 1998. Their spirits of patience, perseverance and industry have left a deep impression on me. These fine qualities of Chinese nationality have been certainly handed down from their ancestors. These Chinese Canadian colleagues working under me are always willing to work for a very long time without any complaint and discontent. It's routine for them to work extra shifts or extra hours, and they are all diligent in their work. Ages of experience have taught them that industry is a stepping-stone to wider opportunities. I deeply admire their working spirit, especially their patience and tolerance that have set a good example for us white Canadians.

Our university has been conducting the joint educational programs with the higher learning institutions of foreign countries. They always adviced me to keep calm, endure humiliation and carry out important missions, whenever we came across difficulties in our daily work. They are always content to toil at such difficult jobs, which illustrates their virtue of patience and tolerance.

Our Canadian history tells us that the immigrants from China have brought new life and energy into Canada. Chinese Canadians have been certainly contributing to new Canada. Between 1881 and 1885, as many as 17,000 Chinese were brought to BC to construct the railroad. Laboring like slaves in the rugged interior of the province, those young Chinese men were paid 1 dollar a day. That was half the rate of any other laborers. The Chinese workers were often victims of unconscionable conditions, and more than 600 of them died. We learned from our history the Chinese workers had no superior as a railway laborer. Many officials saluted the personal qualities of the Chinese workers, and they were praised as industry, economy, sobriety and lawabidingness.

As the minority, the population of Chinese Canadians continue to grow. The reason why immigrants from China have traditionally come to Canada is to seek a better life, their dream is to raise their standard of living. For the vast majority of the immigrants who came here, this was probably the most compiling reason for leaving their homeland of China. Because of its incredibly abundant natural resources, Canada has appeared to be a land of plenty, where millions of people could come to seek their fortunes. Of course, most of the immigrants from China did not get rich over night, and obviously, many of them suffered terribly. But the majority of them could eventually be able to improve on their former standard of living.

However, Chinese Canadians have paid a price for their material wealth that is hard work. Canada is very much rich in national resources. When the first settlers arrived, all the resources were undeveloped. Only by hard work, could these material resources be converted into material possessions, allowing a more comfortable standard of living. Hard work has been both necessary and rewarding for most Chinese immigrants throughout the Canadian history. Because of this, they came to see material possessions as the natural reward for their hard work. In some ways, materials were seen not only as tangible evidence of people's work, but also of their abilities. Most Chinese Canadians, however, still believe in the value of hard work. Chinese Canadians love Canada as their country and believe that they can accomplish their dreams.

Cyndi McLeod

Vice president of Royal Roads University

译文：

每当提及我的华人同事，我都会由衷地感到自豪。自 1998 年开始，我和他们成为同事，一起工作。他们的忍耐、执着和勤奋给我留下了深刻的印象。中国人将这些优良的品质代代相传。我的华人同事们在工作方面任劳任怨，加班也从不抱怨。他们坚信勤奋是获得更多机会的基石，因此不管是常规工作还是加班，他们都是一如既往地勤奋努力。我非常佩服他们的工作精神，尤其是他们的耐心和坚韧，为我们加拿大白人树立了很好的榜样。

我所在的大学与国外高校合作开展了很多办学项目。每当在工作中遇到困难的时候，他们总是提醒我要保持冷静，忍辱负重，只有这样才能更专注于重要的使命。他们总是积极乐观地面对工作中的困难，这一点很好地体现了他们吃苦耐劳、任劳任怨的精神。

回顾加拿大的历史，我们会发现，华人移民为加拿大注入了新的活力。加拿大华人移民在重建新加拿大的过程中无疑做出了巨大的贡献。1881到1885年期间，太平洋铁路建设工程中，有多达17000名华人被带到卑诗省，像奴隶一般地工作，每天却只有1美元的酬劳——仅是其他劳工工资的二分之一。华人劳工经常遭受不公平的待遇，在修建铁路过程中，甚至有超过600名华人劳工死去。如今，很多官员纷纷赞扬和钦佩当时的华人劳工，称赞他们非常地勤奋俭朴，遵纪守法。

作为少数族裔，加拿大的华人人口也在不断地增长。对于大多数华人移民来说，离开自己的家乡，来到加拿大，是为了追求自己的梦想，提高生活品质。加拿大有着极其丰富的自然资源，吸引着成千上万的人们来到这里寻求财富。当然，很多华人移民来到这里后并没有一夜暴富，有些人甚至吃尽了苦头。但是他们从不轻言放弃，他们中的大部分人最终都能够通过自己的努力，过上更优质的生活。

加拿大也有很多华人移民，他们实现了自己的梦想，取得了成功，这就是所谓的“白手起家”。然而，白手起家的背后，是超乎常人几倍的艰苦努力和奋斗。只有通过辛勤工作，才可能将这些物质资源转化为物质财富。一分耕耘一分收获，辛勤的工作为华人移民们带来了丰厚的回报。加拿大华人，尤其华人企业家们，非常珍视勤恳工作的价值观。华人移民们热爱加拿大，就像热爱自己的祖国一样。他们坚信在这里能够实现自己的梦想。

辛迪·麦克劳德
加拿大皇家大学副校长

参考文献

[1] Aghion, P., Howitt, P. A Model of Growth Through Creative Destruction [J]. Econometrica, 1992.

[2] Alan McMillan. Native Peoples and Cultures of Canada. Vancouver: Douglas &. McIntyre Ltd, 1988.

[3] Albert Caruana, Michael H. Morris, Anthony J. Vella. The Effect of Centralization and Formaliz-ation on Entrepreneurship in Export Firms [J]. Journal of Small Business Manaeement, 1998.

[4] Andrew Cardozo, Louis Musto (eds.). Battle Over Multiculturalism: Does it Help or Hinder Canadian Unity. Ottawa: Person-Shoyama Institute, 1997.

[5] Ash Sharon, et al. The Atlas of North American English: Phonetics, Phonology and Sound Changes [M]. New York: Mouton de Gruyter, 2006.

[6] Audretsch, D.B., Thurik, A.R. Linking Entrepreneurship to Growth[R]. OECD Science, Technology and Industry. OECD Working Papers, 2001.

[7] Bai Yifeng. China Spirit in Eritrea—" Chinese Speed, Chinese Quality, Chinese Friend, Chinese Spirit" This is the praises Eritrea people give to Sichuan Road and Bridge Co., Ltd.(SRBC)[J]. China's Foreign Trade. 2006(23).

[8] Bernd Heine, Tania Kuteva. Language Contact and Grammatical Change [M]. Cambridge: Cambridge University Press, 2006.

[9] Bill Bryson. Made in American. First Avon Books Trade Printing, 1996.

[10] Bock Kathryn, et al. Number Agreement in British and American English: Disagreeing to Agree Collectively [J]. Language vol.82，No.1, 2006.

[11] Boyd David.•Unnatural Law: Rethinking Canadian Environmental Law and Policy [M]. Vancouver: UBC Press, 2003.

[12] Brooks, S. Canadian Democracy, 6th Edition. Don Mills, Ontario: Oxford University Press, 2009.

[13] Bruce Clark. Native Liberty, Crown Sovereignty: The Existing Aboriginal Right of Self-Government in Canada.Kingston:McGill-Queen's University Press, 1990.

[14] Canadian Encyclopedia.Edmonton: Hurting Publishers.

[15] Canadian Scene editors. Ethnic Eating: The Canadian Scene Cookbook. Toronto: Hounslow Press, 1991.

[16] Caruana, A, Morris,M.H, Vella, A.J. The Effect of Cen-tralization and Formalisation on Entrepreneurship in Export Firms [J]. Journal of Small Business Management. 1998.

[17] Christine Bennett. Comprehensive multicultural education: theory and practice (4th ed.), Boston: Allyn and Bacon, 1999：11- 17.

[18] Cogliser, C.C, Brigham, K.H.The intersection of leadership and entrepreneurship: Mutual lessons to be learned[J]. The Leadership Quarterly. 2004

[19] Colin C. Williams. Explaining cross-national variations in the commonality of informal sector entrepreneurship: an exploratory analysis of 38 emerging economies [J]. Journal of Small Business & Entrepreneurship, 2014.

[20] Covin J, D Slevin.A Conceptual Model of Entrepreneurship as Firm Behavior [J]. Entr-epreneurship Theory and Practice, 1991.

[21] Dana Colarusso. Teaching English in a Multicultural Society: Three Models of Reform [J]. Canadian Journal of Education, 2010(3): 432-458

[22] David B. Audretsch, Max Keilbach. The localisation of entrepreneurship capital:

Evidence from Germany [J]. Papers in Regional Science, 2007.

[23] David Crystal. English as a Global Language [M]. Cambridge: Cambridge University Press, 1997.

[24] David Mclelland.The Achievement Society [M]. Princeton: Van Nostrand, 1961.

[25] David Shugarman，Reg Whitaker. Federalism and Political Community Essays in Honour of Donald Smiley. Broadview Press, 1989.

[26] David T. Williams. The Spirit in creation [J]. Scottish Journal of Theology. 2014 年 67 卷 01 期 .

[27] Diane Ravitch. Diversity and Democracy：Multicultural education in America [J]. American Education, 1990(14)：46- 68.

[28] Dorian. Internally and Externally Motivated Changes in Language Contact Settings [A] In C. Jones (ed.) Historical linguistics [C]. N.C.：Longman, 1993.

[29] Drucker, Peter F. Innovation and Entrepreneurship [M]. HarperCollins Publishers, 2006.

[30] Emmanuelle Beacutelanger; Maykel Verkuyten. Hyphenated Identities and Acculturation: Second-Generation Chinese of Canada and the Netherlands [J]. Identity. 2010;10 卷 ;3 期 .

[31] Foumel, Thomas. Part 1 - Reflections on Gottmann''s thought (vol. 70，no. 418/419, January-April 2003) - The identity of modern Chinese migrants from Hong Kong to Vancouver, Canada [J]. Ekistics. 2003 年 70 卷 418 期 .

[32] Friederike Welter, Frank Lasch. Entrepreneurship Research in Europe: Taking Stock and Looking Forward [J]. Entrepreneurship Theory and Practice, 2008.

[33] Giulia Galera. The impact of social entrepreneurship in transition economies_the case of the credit sector in Lithuania and Poland [D]. University of Trento, 2005.

[34] Holcombe R. G. Entrepreneurship and Economic Growth [J]. The Quarterly Journal of Austrian Economics, 1998.

[35] Huo Jianying. Bamboo and the Chinese Spirit [J].China Today.2003 (10).

[36] Israel M. Kirzner. Competition and Entrepreneurship [M]. University of Chicago Press, 1973.

[37] James Banks, Cherry Banks. Multicultural education—issues and perspectives (2nd ed.). Boston: Allyn and Bacon. 1993：2- 26.

[38] James, David. Asia-Pacific Communications. Sydney: Alien &. Un-win Pty Ltd, 1995.

[39] James Frideres. Aboriginal Peoples in Canada：Contemporary Conflicts（5th Edition）. Scarborough: Prentice Hall, 1998.

[40] James Marsh. The Canadian Encyclopedia. Alberta: Hurting Publishers Ltd, 1985.

[41] Jamie Scott. Religion, literature and Canadian cultural identities [J]. Literature& Theology, 2002(6).

[42] John Fitzmaurice. Quebec and Canada: Present and Future[M] .New York: St.Martin's Press,1985.

[43] Jonathan Vance. A History of Canadian Culture. Canada: Oxford University Press, 2008.

[44] Joseph Larkin, Christine Sleeter. Developing Multicultural Teacher education Curricula [M]. State University of New York Press, 1995：228.

[45] Josephine. Ethnic Entrepreneurship, Transmigration，and Social Integration: An Ethnographic Study of Chinese Restaurant Owners In Rural Western Canada.Urban Anthropology and Studies of Cultural Systems and World Economic Development. 2003 年 32 卷 3/4 期 .

[46] Karen Kester; Sheila K. Marshall. Intergenerational Similitude of Ethnic Identification and Ethnic Identity: A Brief Report on Immigrant Chinese Mother-Adolescent Dyads in Canada [J]. Identity. 2003;3 卷 ;4 期 .

[47] Karigouder Ishwaran. The Canadian Family: A Book of Readings. Toronto: Gage Publishing, 1983.

[48] Li Guishan. The Roots of Canadian English. The World of English, 1998 年 7 月 .

[49] Liu Dong, Professor，Peking University Zhu Shida. Chinese Culture and Globalization: World Culture Report, Chinese Section [J]. Social Sciences in China. 2006(02).

[50] Michael Clyne. Dynamics of Language Contact: English and Immigrant Language [M]. Cambridge: Cambridge University Press，2003.

[51] Michael Moore. A Handbook of Canadian English. Vancouver: Canada Publishing Corporation, 1988.

[52] Nadeem Esmail, Michael Walker. "How Good Is Canadian Health Care? 2006 Report: An International Comparison of Health Care Systems". Fraser Institute Digital Publication, 2006.

[53] Ofelia Garcia, Ricardo Olheguy (eds.). English across Cultures Cultures across English: A Reader in Cross-Cultural Communication [C]. New York: Mouton de Gruyter, 1989.

[54] Patrick Watson. The Canadians: biographies of a nation. Canada: Friesens，1951.

[55] Philip Resnick. Language，identity，citizenship [J]. CBCA Reference and Current Events, 2002(11):65.

[56] Rand Dyck. Canadian Politics: Critical Approaches. Nelson Canada, 1996.

[57] Robert P. Vecchio. Entrepreneurship and leadership: common trends and common threads [J]. Human Resource Management Review, 2003.

[58] Roger Axtell. Do's and Taboos Around the World. Hoboken，NJ: John Wiley and Company, 1985.

[59] Rudyard Griffiths. 101 Things Canadians Should Know about Canada. Key Porter Books, 2008.

[60] Sanjay Sharma. Organizations, Policy, and the Natural Environment: Institutional and Strategic Perspectives [M]. Canadian Journal of Administrative Sciences, 2003.

[61] Statistics Canada. Canada's Seniors: A Dynamic Force, 1988.

[62] Stephan Gramley. The Vocabulary of World English [M]. London: Arnold, 2006.

[63] Stéphane Mahuteau; Matloob Piracha; Massimilano Tani; Matias Vaira Lucero. Immigration Policy and Entrepreneurship [J]. International Migration. 2014 年 52 卷 2 期 .

[64] Stephanie ANixon，Joel Baetz.Reviewof Bloodletting and Miracu-lous Cures. Philosophy, Ethics，and Humanities in Medicine. 2007.

[65] Stephen Ryan. Nationalism and Ethnic Conflict. New York: Vintage Press, 1997.

[66] Su, Tina F.; Costigan, Catherine L. The Development of Children's Ethnic Identity in Immigrant Chinese Families in Canada[J].The Journal of Early Adolescence. 2009; 29 卷 ; 5 期 .

[67] T. 胡森（瑞典），T.N. 波斯尔斯韦特（德）主编 .《教育大百科全书》[M]. 张斌贤等译 . 西南示范大学出版社，海南出版社，2006.

[68] The Canadian Encyclopedia. Admonton: Alberta Canada Hurting PublishersLtd, 1988.

[69] Wickberg，Edgar. From China to Canada: A History of the Chinese Communities in Canada. McClelland and Stewart Limited，1982.

[70] William Toye. The Oxford Companion to Canadian Literature. Toronto: Oxford University Press, 1983.

[71] Wu，William F.The Yellow Peril: Chinese Americans in Fiction，1850-1940. Hamden: The Shoe String Press, Inc.，1982.

[72] Yiu, D.W, Lau, C.M. Corporate Entrepreneurship as Re-source Capital Configuration in Emerging Market Firms[J]. Entrepreneurship Theory and Practice . 2008.

[73] Yu Wen Ying; Peter A. Lee; Jeanne L. Tsai; Yu J. Lee; Malisa Tsang. Network Composition，Social Integration, and Sense of Coherence in Chinese American Young Adults [J]. Journal of Human Behavior in the Social Environment. 2000 年 3 卷 3-4 期 .

[74] Zachary. Elderly Chinese in Pacific Rim Countries: Social Support and Integration [J]. Population and Development Review. 2002 年 , 28 卷 1 期 .

[75] 爱德华•麦克诺尔等．世界文明史 [M]. 商务印书馆，1987.

[76] 班克斯．多元文化教育——议题与观点 [M]. 陈枝烈译．台北：心理出版社，2008：279.

[77] 班克斯．多元文化教育概述 [M]. 李苹绮译．中国台湾：国立编译馆，1998：29-32.

[78] 北京大学加拿大研究中心．加拿大研究 [M]. 民族出版社，2006.

[79] 陈宁．企业家精神对营销绩效影响实证检验 _ 营销动态能力的中介作用 [J]. 商业时代，2014.

[80] 陈潘，罗伯特•巴拉斯．加拿大文化震撼之旅 [M]. 孟艳梅译．旅游教育出版社，2008.

[81] 陈平．语言民族主义：欧洲与中国 [J].《外语教学与研究》，2008，第 6 期．

[82] 陈启能，姜芃．中国和加拿大的文化：全球化的挑战 [M]. 山东大学出版社，2006.

[83] 陈忠卫，郝喜玲．创业团队企业家精神与公司绩效关系的实证研究 [J]. 管理科学，2008. 39—48.

[84] 辞海编辑委员会．《辞海》(1979 年版)[C]. 上海辞书出版社，1981 年第 3 次印刷．

[85] 戴晓东．加拿大：全球化背景下的文化安全 [M]. 上海人民出版社，2007.

[86] 迪克•加尔诺著．印第安人——加拿大第一民族的历史 现状与自治之路 [M]. 李鹏飞，杜发春编译，民族出版社，2008.

[87] 丁栋虹，张翔．国内团队企业家精神研究评述 _ 基于文献分析法 [J]. 北京理工大学学报（社会科学版），2013.

[88] 方大为，张爱学．登上彼岸 [M]. 东方出版社，1997.

[89] 高波．文化、文化资本与企业家精神的区域差异 [J]. 南京大学学报，2007.

[90] 高鉴国．加拿大多元文化政策评析 [J]. 世界民族，1999 年第 4 期．

[91] 关世杰著 . 跨文化交流学 [M]. 北京大学出版社，1995.

[92] 韩冬雪 . 论中国文化的包容性 [J]. 山东大学学报 (哲学社会科学版). 2013(02).

[93] 韩民清 . 文化论 [M]. 南宁：广西人民出版社，1989：15.

[94] 黑格尔 . 法哲学原理 [M]. 杨东柱 尹建军 王哲编译 . 北京出版社，2007.

[95] 候轶杰 . 加拿大民族认同的形成 [D]. 河北师范大学 . 2007.

[96] 胡文仲 . 英美文化词典 [M]. 北京：外语教学与研究出版社，1995：318.

[97] 霍思海 . 艰险之年凸显中国精神 [J]. 文苑 .2008(07).

[98] 吉尔特•霍夫斯泰德，格特•杨•霍夫斯泰德 . 文化与组织——心理软件的力量 [M]. 李原，孙坚敏译，中国人民大学出版社，2010.

[99] 蒋春燕 . 高管团队要素对公司企业家精神的影响机制研究 _ 基于长三角民营中小高科技企业的实证分析 [J]. 南开管理评论，2011.

[100] 靳卫东，高波，吴向鹏 . 企业家精神含义、度量和经济绩效的评述 [J]. 中南财经政法大学学报，2008.

[101] 李桂苓 . 大学英语教学中本土文化导入及策略 [J]. 教育理论与实践，2014，06.

[102] 李桂山 . 创新与可信——凡斯《加拿大文化史》评介 [J]. 国外社会科学，2011 年第 1 期

[103] 李桂山 . 感悟加拿大文化 [M]. 机械工业出版社，2006.

[104] 李桂山 . 定位与卖点 [J]. 企业管理，2012，11.

[105] 李桂山 . 加拿大英语特点探究 . 解放军外国语学院学报，2008 年第 4 期，2008.

[106] 李桂山 . 加拿大社会与文化散论 [M]. 北京航空航天工业大学出版社，2008.

[107] 李桂山 . 诺亚•韦伯斯特及其学术遗产——语言学史上的思考 . 国外社会科学，2009 年第 2 期，2009.

[108] 李桂山 . 作为英语变体的加拿大英语 [J]. 社会科学战线，2009 年第 2 期 .

[109] 李桂山，马京京，丁颖 . 加拿大华人社会历史变迁及其身份认同 [J]. 经营

与管理，2014，12.

［110］李桂山，朱柯冰．加拿大多元文化新视野 [M]. 机械工业出版社 .2012.

［111］李兰．企业家精神 [M]. 北京：中国人民大学出版社，2009.

［112］李莎．一个西方人眼中的中国 [M]. 外文出版社，2003.

［113］李维安，王辉．企业家创新精神培育：一个公司治理视角 [J]. 南开经济研究，2003.

［114］李未醉，高伟浓．早期华侨对加拿大西部的开发及其意义 [J]. 商场现代化，2006.

［115］李宇，张雁鸣．大企业情境下企业家精神驱动的创新成长导向研究 _ 以苹果公司为例 [J]. 科学学与科学技术管理，2013.

［116］李志娟．寻找身份的历程——对《可食的女人》的主题研究 [D]. 吉林大学 2004.

［117］廖筱丹．中国梦语境下的中国精神研究 [D]. 南昌：南昌大学，2014.

［118］刘国福．国际技术移民制度面面观 [J]. 国际人才交流 .2104(02).

［119］刘宏．跨国场域下的企业家精神、国家与社会网络：中国新移民的个案分析 [J]. 华侨华人历史研究，2007.

［120］刘军．列国志加拿大 [M]. 社会科学文献出版社，2005 [14] .

［121］刘擎．西方学术视野中的当代中国精神生活 [J]. 浙江学刊 . 2007(05).

［122］刘淑芝．陌生人回家——对《喜福会》中人物身份的研究 [D]. 吉林大学 2004.

［123］刘艺工．当代加拿大法律制度研究 [M]. 民族出版社，2008.

［124］龙登高，张洪云．多元族群视野下的华人特性——美国亚裔六大族群的比较 [J]. 华侨华人历史研究 . 2007(01).

［125］陆园园，张红娟．中国创业问题研究文献回顾 [J]. 管理世界，2009.

［126］罗伯特•列文著，范东升，许俊农等译 [M]. 合肥：安徽文艺出版社，2000.

[127] 欧雪银 . 企业家精神理论研究新进展 [J]. 经济学动态，2009.

[128] 秦晶星 . 从延安精神到中国精神 [J]. 延安教育学院学报，1999(02).

[129] 仇雨临 . 加拿大社会保障制度的选择及其对中国的启示 [M]. 经济管理出版社，2003.

[130] 陶政波 . 论延安精神的价值 [D]. 湖南师范大学 2007.

[131] 施先生 . 魁北克投资移民 [J]. 出国与就业 . 2004(04).

[132] 石中英 . 教育公平的主要内涵与社会意义 [J]. 中国教育学刊，2008(3)：1-6.

[133] 时鹏程，许磊 . 试论创业学研究的三个层次 [J]. 外国经济与管理，2006.

[134] 孙诚，冯之浚 . 企业自主创新与企业家精神 [J]. 中国科技论坛，2006.

[135] 孙铁 . 影响世界历史的 100 事件 [M]. 当代世界出版社，2005.

[136] 唐守伦 . 有“精神”的中国人特精神 [J]. 金山 . 2009(10).

[137] 唐炎钊 . 时间行为的跨文化差异 [J]. 企业文化，2005(2).

[138] 田静 . 文化多样性视域下多元文化教育的发展趋向探析 [J]. 高等农业教育，2010(1)：26-28.

[139] 汪川，陈晓霞，朱曦济 . 年龄结构与企业家精神 _ 基于中国省级数据的实证分析 [J]. 当代经济研究，2014.

[140] 汪福祥，马登阁 . 文化撞击案例评析 [M]. 石油工业出版社，1999.

[141] 王斌华 . 双语教育和双语教学 [M]. 上海：上海教育出版社，2003.

[142] 王朝晖 . 亦舒笔下的加拿大华人发展史 [J]. 时代文学，2011.

[143] 王德才，赵署明 . CEO 变革型领导行为、战略柔性与公司企业家精神关系 _ 基于中小企业的实证研究 [J]. 科学学与科学技术管理，2014.

[144] 王珑玲 . 大哉，中国精神 [J]. 中国青年研究 . 2003(07).

[145] 王晶 . 哈佛精神的形成与发展 [D]. 华中师范大学 2008.

[146] 王雪梅 . 加拿大文化博览 [M]. 世界图书出版公司，2004.

[147] 王岳川 . 从“去中国化”到“再中国化”的文化战略——大国文化安全与

新世纪中国文化的世界化 [J]. 贵州社会科学 . 2008(10).

［148］王至晴，方琼玟，邹斌 . 国际商业舞台上的华裔企业家 [N]. 经理日报 . 2011-08-09.

［149］魏婷 . 我国社会转型期中“中国精神”的弘扬 [J]. 华北科技学院学报 . 2014(04).

［150］吴颖 . 中国企业级社会责任的伦理基础之构建 _ 以孔孟伦理为例 [D]. 南京：南京大学，2010.

［151］沃尔特 • 怀特等著 . 加拿大政府与政治 [M]. 刘经美，张正国译 . 北京大学出版社，2004.

［152］武喆 . 加拿大文化身份 [D]. 辽宁师范大学 2006.

［153］晓音 . 加拿大投资移民条件将提高多人赶搭“末班车”. 侨园 .2010(Z2).

［154］谢丹 . 华裔加拿大人的身份探求 [D]. 成都：四川大学 2003.

［155］辛杰 . 中国传统文化情景下企业家德商研究 _ 探索性分析与群体细分 [J]. 现代经济探讨，2014.

［156］熊缨，西楠 . 中加人才引进与流动管理政策的比较研究 [J]. 中国人力资源开发 . 2014(13).

［157］徐丹 . 加拿大多元文化政策及其对华人移民的影响 [D]. 辽宁师范大学 2006.

［158］徐蓉，宋城长 . 论建构中国精神的三重维度 [J]. 思想教育研究，2013.12：39-43

［159］许祥林 . 枫叶之国加拿大 [M]. 南京师范大学出版社，2008.

［160］薛红志，张玉利，杨俊 . 机会拉动与贫穷推动型企业家精神比较研究 [J]. 外国经济与管理，2003.

［161］闫长明 . 加拿大商务与生活指南 [M]. 当代世界出版社，2007.

［162］杨发青 . 中西时间取向的文化差异与跨文化交际 [J]. 湖北第二师范学院学报，2008(3).

[163] 杨兴时 . 中国传统文化视角下的企业家精神研究 [D]. 济南：山东大学，2010.

[164] 杨燕 . 多元文化政策——加拿大政府处理文化多元化的举措 [D]. 四川大学 2003.

[165] 姚公厚，李鹏程，杨深 . 西欧文明 [M]. 上下卷 . 中国社会科学出版社，2002.

[166] 叶勤 . 企业家精神的兴起对美国经济增长的促进作用及其启示 [J]. 外国经济与管理，2000.

[167] 余向前，张正堂，张一力 . 企业家隐性知识、交接班意愿与家族企业代际传承 [J]. 管理世界，2013.

[168] 袁红林，蒋含明 . 中国企业家创业精神的影响因素分析 _ 基于省级面板数据的实证研究 [J]. 当代财经，2013.

[169] 袁祖社 ."中国精神"的文化—实践自觉 [J]. 北京大学学报 (哲学社会科学版). 2012(05).

[170] 张岱年 . 中国文化的基本精神 [J]. 文化评论，1994.

[171] 张迪 . 时间观念与中西方文化交际 [J]. 华章，2010：111.

[172] 张晖明，张亮亮 . 企业家资本的生成与内涵分析 _ 基于文献综述的视角 [J]. 复旦学报（社会科学版），2014.

[173] 张建华 . 儒家的价值观与新加坡华侨企业家精神 [J]. 中华文化论坛，1994.

[174] 张立文 . 中国文化的精髓 _ 和合学源流的考察 [J]. 中国哲学史，1996.

[175] 张丽 . 对科学精神测量评价的初步讨论与尝试 [D]. 上海：上海师范大学，2007.

[176] 张素平 . 企业家社会资本影响企业创新能力的内在机制研究：基于资源获取的中介视角 [D]. 杭州：浙江大学，2013.

[177] 张向任，赵晓娟 . 危机时代下的中国企业家精神的重塑 [J]. 北方经济，2010.

[178] 张学军 . 融合与发展 [D]. 华中师范大学 2009.

[179] 张玉利 . 创业、企业家精神与企业成长 [J]. 南开学报（哲学社会科学版），2004.

[180] 张玉梅 . 企业成长需要企业家和企业家精神——评《企业家精神与领导艺术》[J]. 中国人民大学学报 . 2014(03).

［181］张子清.中美文化的撞击与融汇在华裔美国文学中的体现[J].外国文学评论.1996(03).

［182］赵世玲.面对文化歧视的加拿大华人[J].思想战线，2005.

［183］赵修义.当今中国的精神挑战[N].文汇报.2009(06).

［184］钟同彬.儒家君子观与企业家品格塑造[D].济南：山东大学，2012.

［185］朱徽.加拿大华裔英语文学的发展与现状——赵廉博士访谈录[J].中国比较文学.2001(02).

［186］朱红.转换融合_中国技术移民在加拿大[M].北京：社会科学文献出版社，2008.